M 26511

Paris
1864

Garnier, Joseph

La Question des paysans en Pologne et les ukases du 2 mars 1864, avec documents officiels

LA QUESTION

DES

PAYSANS EN POLOGNE

ET

LES UKASES DU 2 MARS 1864

Avec documents officiels

PAR

JOSEPH GARNIER

Secrétaire perpétuel de la Société d'économie politique

Extrait du JOURNAL DES ÉCONOMISTES

Numéro du 15 mai 1864

PARIS

LIBRAIRIE DE GUILLAUMIN ET Cⁱᵉ, EDITEURS

De la Collection des principaux Économistes, des Économistes et Publicistes contemporains, de la
Bibliothèque des sciences morales et politiques, du Dictionnaire
de l'Économie politique, du Dictionnaire universel du Commerce et de la Navigation, etc.

Rue Richelieu, 14

1864

LA QUESTION

DES

PAYSANS EN POLOGNE

ET

LES UKASES DU 2 MARS 1864

PARIS. — Imprimerie de A. PARENT, rue Monsieur-le-Prince, 31.

LA QUESTION

DES

PAYSANS EN POLOGNE

ET

LES UKASES DU 2 MARS 1864

Avec documents officiels

PAR

JOSEPH GARNIER

Secrétaire perpétuel de la Société d'économie politique

Extrait du **JOURNAL DES ÉCONOMISTES**

Numéro du 15 mai 1864

PARIS

LIBRAIRIE DE GUILLAUMIN ET Cⁱᵉ, EDITEURS

De la Collection des principaux Économistes, des Économistes et Publicistes contemporains, de la
Bibliothèque des sciences morales et politiques, du Dictionnaire
de l'Économie politique , du Dictionnaire universel du Commerce et de la Navigation, etc.

Rue Richelieu, 14

1864

LA

QUESTION DES PAYSANS EN POLOGNE

ET

LES UKASES DU 2 MARS 1864

> «...... Le bien public n'est jamais que l'on prive un
> particulier de son bien, ou même qu'on lui en retranche
> la moindre partie par une loi ou un règlement *politique*.
> Dans ce cas, il faut suivre la loi civile, qui est le palla-
> dium de la propriété.
>
> «Les monarques doivent encore moins faire à un de
> leurs sujets une insulte marquée. Ils sont établis pour
> pardonner, pour punir, jamais pour insulter. Lorsqu'ils
> insultent leurs sujets, ils les traitent bien plus cruelle-
> ment que ne traite les siens le Turc et le Moscovite.»
>
> (MONTESQUIEU, *Esprit des lois.*)

I

Tout récemment, le 2 mars 1864, le gouvernement de Russie a publié quatre ukases qui ont pour but la solution définitive de la grave
question des paysans du royaume de Pologne, tel que l'a fait le Congrès de 1815.

Ces quatre ukases sont accompagnés de préambules assez curieux, et,
dit-on, d'une instruction secrète sur les procédés à employer pour leur
publication. Ils ont été élaborés par une commission *ad hoc*, présidée
par M. Milutine (1). Cette commission, arrivée récemment à Varsovie, doit
fonctionner au-dessus du Conseil d'État et des pouvoirs civils et militaires jusqu'à ce que les nouvelles lois soient rendues exécutoires. Les
journaux nous ont appris que l'on a commencé la publication des ukases
par un extrait que des hérauts d'armes ont récité au son des trompettes,
le 6 mars, dans les rues de Varsovie et dans les autres villes du royaume.
Depuis, la publication a continué dans les campagnes.

---

(1) M. Milutine a été un des principaux promoteurs de l'émancipation
des serfs. Nous avons eu occasion de constater ses lumières et son libé-
ralisme, et nous avons tout lieu de croire qu'il aura plutôt contribué à
combattre qu'à fortifier le mauvais esprit qui a présidé à la rédaction
de ces mesures.

Ces ukases ont vivement attiré l'attention publique ; mais, tout en sentant qu'ils édictent une grosse mesure révolutionnaire, basée sur l'iniquité et la spoliation des possesseurs du sol, en faveur des paysans, dans le double but de désintéresser ceux-ci du mouvement insurrectionnel et de ruiner les classes supérieures qui aspirent à l'indépendance, on ne se rend pas un compte exact de leur portée. Quelques journaux français ou allemands, défenseurs systématiques du gouvernement russe (1) les ont accueillis avec force éloges ! Mais en les étudiant, on voit malheureusement qu'ils sont l'œuvre d'une politique machiavélique, car ils ont pour but de semer la discorde entre ceux qui possèdent le sol (2) et ceux qui ne le possèdent pas ; ils auront pour effet de désorganiser les communes rurales, de ruiner les propriétaires par un rachat imaginaire sans satisfaire les paysans.

Ces questions sociales sont depuis longtemps résolues dans l'occident de l'Europe, et on y a quelque peine à se faire une idée exacte des mesures dont nous nous occupons, si on ne commence par jeter un coup d'œil sur l'état de la question en Russie, en Lithuanie et en Pologne, sur le point où elle en était en Pologne avant l'insurrection et sur les phases qu'elle a parcourues depuis le 22 janvier 1863, commencement de cette lamentable lutte, jusqu'au moment de la publication des ukases nouveaux.

COUP D'ŒIL HISTORIQUE. — PAYSANS RUSSES ET PAYSANS POLONAIS. — MESURES
DE 1807 A 1862.

II

Quand on parle de l'affranchissement des paysans dans tout l'empire russe en général, il faut bien se garder de confondre les paysans russes, c'est-à-dire ceux des provinces moscovites, avec ceux des provinces revendiquées par les Polonais : le royaume du Congrès, la Lithuanie, la Ruthénie (3).

La condition des paysans dans l'ancienne république polonaise était toute différente de celle des paysans russes. Sur toute l'étendue de l'empire des czars, sauf quelques modifications en Finlande et en Cour-

----

(1) *Le Nord, la Presse,* l'*Ost-deutsche-Post, Posener zeitung, Kreuz zeitung,* etc.

(2) Aujourd'hui la moitié des propriétés foncières appartient à des familles non nobles d'origine.

(3) Cette différence a été signalée dans plusieurs communications faites à la Société d'économie politique et dans un article de M. Nakwaski, ancien député à la diète de Pologne, qui a publié, il y a quelques années, une intéressante brochure sur la *Question des paysans en Pologne,* in-8.

lande, le servage a existé dans la plus cruelle acception de ce mot jusqu'en 1861. Dès le partage de 1772, la condition des paysans échus à la domination russe empira donc au lieu de s'améliorer. En Pologne, au contraire, le paysan, depuis le temps le plus reculé, n'a jamais été ni serf, ni esclave. Il était tout simplement, comme dans les autres pays, plus ou moins attaché à la glèbe (*glebæ adscriptus*), non pas précisément en vertu des lois, mais par suite des mœurs et des habitudes. Il jouissait de la terre, moyennant une redevance en travail ou corvée ; et, de plus, il était exempt du service militaire. Le propriétaire grand ou petit, ou pour mieux dire l'ancien noble veillait seul à la défense du sol natal.

Cette différence essentielle avait pour source l'origine des terres seigneuriales en Pologne ; ces terres n'avaient jamais été distribuées aux nobles à titre féodal ; mais elles étaient allodiales, c'est-à-dire de franc-alleu ou libres de droit.

La différence entre le servage russe et la corvée polonaise est notable.

En Russie, jusqu'à l'an 1861, tout seigneur pouvait assommer son serf à coups de knout, en vertu de son pouvoir illimité. Le serf ne pouvait se marier sans la permission du seigneur. Tout l'avoir du paysan, famille, bétail, mobilier, était réputé propriété du seigneur ; et il n'est pas encore loin ce temps où il était permis au seigneur de vendre son serf, son paysan, sans la terre, tout comme on vend une bête de somme !

En Pologne, au contraire, malgré le travail obligatoire, le seigneur, depuis les temps les plus reculés, ne pouvait le faire, parce que les lois s'y opposaient autant que les mœurs (1).

En Pologne, de plus, une amélioration considérable du sort des classes laborieuses et en particulier des paysans fut commencée en 1791. Sous le souffle des idées de 1789, importées de France, la Diète élabora la constitution réformatrice du 3 mai. Mais presque aussitôt avaient lieu les deux démembrements de 1792 et de 1795 qui anéantirent de bonnes et salutaires mesures.

Dans cette rapide esquisse, nous ne nous proposons de parler que des paysans du royaume du Congrès. Nous ne dirons donc que peu de mots sur l'abolition de la corvée, opérée différemment dans les provinces échues à la Prusse et à l'Autriche, moyennant rachat.

En Prusse, l'opération a été fort lente. Nonobstant de grands sacrifices pécuniaires de la part des possesseurs expropriés, elle n'a pas produit de commotion sociale ; et il y a eu cela de remarquable que le paysan du grand-duché de Posen, déclaré propriétaire définitif en 1848, lors de la

---

(1) Voir les livres de Lelewel, et d'Adam Krzysztopor.

création des *renten bank*, fit cette même année, quand les troubles
éclatèrent, cause commune avec l'ancien seigneur posnanien contre son
prétendu bienfaiteur prussien. Les combats de Wrzésnia et de Milostaw
furent gagnés uniquement par les faucheurs posnaniens.

En Autriche (en Gallicie), le rachat des terres, opéré violemment et
avec de très-grandes pertes matérielles subies par les propriétaires fut
accompagné, en 1846, d'un massacre des propriétaires, fomenté et di-
rigé par le gouvernement autrichien, abominable action qu'on ne saurait
trop flétrir. Mais le but que s'était proposé cette odieuse politique n'a
pas été atteint. Il a bien semé beaucoup de discordes, il a bien irrité les
pauvres contre les riches, il a bien amené la ruine matérielle de beaucoup
de propriétaires; mais, telle est la vitalité de l'élément polonais et la
puissance du lien entre toutes les classes de la société en face de l'ennemi commun, que, lors des élections au Reichsrath, en 1861, quelques-
unes de ces mêmes communes rurales, qui, conduites par un sbire alle-
mand, avaient égorgé le grand propriétaire du village, en 1846, en-
voyèrent le fils ou le parent de la victime, comme député à la Diète!

III

Voyons maintenant ce qui se passe dans le royaume de Pologne. Mais,
avant tout, établissons comme point de départ que le Code Napoléon,
introduit dans le grand-duché de Varsovie en 1807, fut conservé lors
de la transformation du grand-duché en royaume du Congrès, et que,
sauf quelques malencontreuses modifications ultérieures par le gouvernement russe, il est resté *obligatoire* dans le royaume.

Or le Code Napoléon introduisit l'égalité de tous les citoyens devant la
loi, principe sacré devant lequel disparut de fait et de droit la juridiction
seigneuriale et domaniale.

Ici le lecteur se demande comment la corvée a pu subsister aussi
longtemps à côté du Code Napoléon?

Remarquons d'abord que cette corvée diffère de l'ancienne corvée féo-
dale, et quelle consiste en une prestation volontaire de travail, en une
faisance ayant conservé toutefois les formes de l'ancien régime.

Quoi qu'il en soit, la corvée était une anomalie sous le régime du
Code civil, et ce ne fut pas la seule! — Cela a tenu à plusieurs rai-
sons. D'abord cette première époque des batailles sanglantes était peu
propice aux réformes sociales. En second lieu, le pays était pauvre et les
ressources du crédit faisaient défaut. Enfin, le gouvernement russe ne
tenait pas beaucoup à opérer des améliorations qui auraient servi à ré-
veiller l'esprit d'indépendance par l'entente des classes. — En fait, de
1807 à 1815, le gouvernement polonais et le gouvernement russe ne
firent rien pour l'abolition de la corvée et le rachat des paysans.

La période de 1815 à 1830 fut une pénible convalescence du pays après les longues misères de la guerre. Il y eut peu d'améliorations intérieures, et encore n'eurent-elles lieu qu'après bien des obstacles et des difficultés suscitées par le gouvernement soi-disant constitutionnel de Saint-Pétersbourg. Rappelons entre autres que la Banque de Pologne ne fut créée à Varsovie qu'en 1828. A cette époque, le crédit foncier était dans la première période de l'enfantement (1), les terres étaient grevées de dettes énormes, le paysan et le propriétaire étaient très-pauvres, et les éléments de rachat manquaient; d'autre part, le besoin de ce changement important ne se faisait que faiblement sentir.

Remarquons cependant que, dans cette période de vingt-trois ans, beaucoup de propriétaires, grands et moyens, avaient aboli la corvée dans leurs terres et changé par des accords à l'amiable le travail obligatoire en redevances pécuniaires. Ajoutons que d'autres propriétaires, afin de suppléer au manque de bras nécessaires pour cultiver leurs terres, avaient amené des colons allemands et augmenté ainsi le nombre des petits propriétaires laboureurs.

Quand la révolution de 1830 éclata, plusieurs voix éloquentes s'élevèrent à la Diète, demandant une large mesure gouvernementale pour abolir la corvée, moyennant une indemnité aux propriétaires; mais les préoccupations de la guerre, dont la durée fut beaucoup plus courte que celle de la lutte héroïque de 1863, emportèrent les esprits loin de la question sociale. Il est à regretter que la Diète de 1831 ne comprit pas sa mission sur ce point important..... Quoi qu'il en soit, le dernier gouvernement national, dès le commencement de la lutte suprême, aborda hardiment et résolument ces deux problèmes : le problème politique d'une guerre à outrance jusqu'à l'indépendance entière, et le problème social de l'affranchissement total et définitif des paysans, en respectant le droit des propriétaires.

Nous reviendrons sur cette dernière mesure du gouvernement polonais de l'an 1863. Examinons maintenant ce qu'ont fait l'empereur Nicolas, de néfaste mémoire, et Alexandre II, qui, après avoir bien mérité de la civilisation pour l'émancipation des serfs, a repris les déplorables errements de son père.

Dans la période de 1832 à 1846, l'empereur Nicolas améliora tant soit peu la condition des paysans dans les terres de la couronne et dans les terres confisquées, distribuées gratuitement, à titre de majorats, aux généraux russes, à condition d'y propager autant que possible l'ortho-

---

(1) La première institution publique de Crédit foncier fut établie en l'an 1826.

doxie russo-grecque! L'ukase de l'an 1835 ordonna d'abolir progressivement et lentement la corvée, et d'ériger dans ces terres des colons partiaires et censitaires. Il est vrai que ces essais humanitaires ne coûtaient guère au Trésor, parce que les terres distribuées aux paysans en redevances provenaient en partie des spoliations sur les nombreux émigrés de l'an 1831. Mais au moins, la ruine des grands profita un peu aux petits.

En ce qui concerne les paysans établis sur les terres des particuliers, il prit à tâche d'entraver autant que possible par les voies administratives les accords à l'amiable entre le propriétaire du sol et le laboureur.

En 1846, aussitôt après les massacres de la Gallicie, un ukase déclara propriétaires usufruitiers, à perpétuité, les paysans possédant 3 morgues et au delà (le morgue = 1/2 hectare). Par l'effet de cet ukase, le paysan ne cessait d'être corvéable et le seigneur était lui-même devenu attaché à la glèbe. Au lieu de l'affranchissement du travail, on eut l'asservissement des deux côtés. L'ukase était de plus accompagné de proclamations pompeuses pour semer la discorde entre le seigneur et le laboureur au moyen de promesses fallacieuses.

Cet ukase contenait néanmoins une bonne disposition; il fit dresser les inventaires ou tableaux dans lesquels furent inscrits les devoirs et les droits des laboureurs, ce qui pouvait arrêter les cas, très-rares, d'ailleurs, d'exigences immodérées de la part des propriétaires. Mais ce qui était funeste et contraire à toutes les règles de la justice, c'est que le même ukase mit officiellement la caste des paysans hors la loi du pays, hors le Code civil. Il ordonnait, en effet, « que tous les différents entre les grands et les petits propriétaires devaient être jugés non par les tribunaux ordinaires, mais par les autorités administratives. » C'est ce triste système qu'a continué le gouvernement d'Alexandre II.

En 1858, on publia une loi qui, avec ses innombrables formalités bureaucratiques, apportait de nouvelles entraves et rendait les accords à l'amiable extrêmement difficiles (1). Cependant les efforts de quelques patriotes éclairés, l'exemple du comte A. Zamoïski, de M. Brzostowski et d'autres riches particuliers, et avant tout les efforts de la société agricole, composée, comme l'on sait, de la majorité des propriétaires au nombre de plus de 4,000, luttèrent courageusement contre les obstacles suscités par le gouvernement.

____

(1) Souvent le contrat passé avec les paysans, et déposé chez les autorités compétentes, afin d'obtenir la confirmation, y restait dix ans sans décision !

Voici quelques données statistiques, puisées dans les documents officiels (1), qui viennent à l'appui de nos assertions :

En 1846, il y avait sur les villages des particuliers :

72,867 familles ou fermes de paysans censitaires, possédant chacun
au moins les 3 morgues et au delà ;

135,015 familles corvéables, possédant chacune les 3 morgues et au
delà ;

30,800 familles corvéables, possédant chacune moins de 3 morgues.

Ces derniers étaient une sorte de journaliers ou locataires qui n'avaient ni bétail, ni instruments aratoires à eux. Ils labouraient la terre
du propriétaire un ou au plus deux jours par semaine, et recevaient de
lui le logement et un morceau de terrain ensemencé et cultivé aux frais
du propriétaire. Ces sortes de contrat se faisaient le plus fréquemment
au printemps d'une année à une autre.

En 1859, le nombre de familles censitaires s'élevait à 84,142 ; — celui
des corvéables était descendu à 124,840 ; — et le nombre des journaliers ou locataires, à 26,166.

Il n'est pas superflu d'ajouter que très-souvent, lorsque le propriétaire voulait transformer en censitaire un paysan corvéable honnête et
laborieux, mais pauvre, il était forcé de lui venir largement en aide, soit
en lui bâtissant une maison, soit en lui donnant les semences et les ustensiles aratoires, soit en lui achetant le bétail nécessaire, et généralement
encore en lui accordant avec tous ces avantages à la fois quelques années
gratuites.— On a vu des cas où le paysan refusait les conditions les plus
avantageuses, en alléguant qu'il avait peur de la nouveauté !

Cette misérable condition des paysans, en Pologne, aussi bien sur les
terres de la couronne que sur celles des particuliers, s'explique par
l'état de leur instruction.

Depuis l'an 1832, le gouvernement ne fit rien, *absolument rien* pour
les instruire ; et de plus, il empêcha par d'innombrables vexations et chicanes les efforts des propriétaires ruraux quant à l'instruction primaire.

D'après les tableaux statistiques de l'an 1858, sur les 4,790,379 habitants du royaume, il y avait 3,794.785 qui ne savaient ni lire, ni écrire,
et il faut noter que les 3,630,546 représentent la population établie
dans les campagnes (2).

---

(1) *Le Calendrier astronomique*, publié par ordre du ministère de l'intérieur ; voir les années 1859 et 1860, pages 93 et 163.

(2. Voir le même calendrier de l'an 1860, pages 138, 141 et 148.

Il suffit de rappeler que les propriétaires avaient fondé dans beaucoup de localités, exclusivement à leurs frais les crèches et salles d'asile
pour les orphelins, en y joignant autant que possible et furtivement
l'instruction primaire. Beaucoup de ces établissements de charité ont été

La Société agricole fut dissoute en avril 1861 pour avoir solennellement demandé l'abolition de la corvée, le rachat des terres et l'instruction primaire.

Les efforts du marquis Wielopolski et de son disciple, le grand-duc Constantin, en 1861 et 1862, n'ont abouti à rien, car ils péchaient par la base : le pays demandait l'existence politique en sus des réformes administratives qu'on lui accordait, d'ailleurs à petites doses, de mauvaise foi ou du moins par des procédés et des hommes qui excitaient sa méfiance.

L'odieuse mesure de proscription sous forme de recrutement arbitraire, dirigée contre la jeunesse des villes, accéléra l'heure de la lutte qu'avaient constamment déconseillée les hommes les plus éminents de la nation.

DÉCRET DU GOUVERNEMENT NATIONAL EN JANVIER 1863.

IV

Voici maintenant ce que décréta le gouvernement national le 22 janvier 1863, en entamant cette héroïque lutte à laquelle nous venons d'assister les larmes aux yeux :

« Considérant que le gouvernement usurpateur a toujours différé de rendre les paysans francs-tenanciers, malgré le vœu général du pays; considérant, en outre, que les propriétaires ont droit à une indemnité pour la perte des rentes, faisances (corvées), etc., il est décrété ce qui suit :

« Art. 1er. Toute terre occupée sous quelque titre que ce soit, faisance, rente ou autrement, par les petits fermiers, ainsi que toutes ses dépendances, devient, à dater de ce jour, la libre propriété du tenancier, sans aucune obligation de rente ou autre, excepté le devoir de payer les taxes et de servir la patrie.

« Art. 2. Les précédents propriétaires recevront une indemnité sur les fonds nationaux par le moyen d'un capital garanti par la nation.

« Art. 3. Le montant de l'indemnité et la nature du capital seront établis par un décret spécial.

« Art. 4. Tous ukases, lois, etc., publiés par le gouvernement usurpateur sur l'accensement des paysans, sont déclarés nuls et sans valeur.

« Art. 5. Le présent décret s'applique non-seulement aux propriétés privées, mais encore aux terres de la couronne, aux terres concédées par la couronne, aux biens d'Église, etc. »

Cette mesure réparatrice aurait été incomplète, si elle n'avait été sui-

---

supprimés sans aucun motif légitime par ordre des autorités russes, tous furent assujettis aux visites et à la surveillance de la police militaire.

vie par l'invitation aux propriétaires d'arrêter la perception des rentes, des prestations et de la corvée facultative (1) avec le 1er avril 1863, en attendant le rachat aussitôt la guerre de l'indépendance terminée.

Ce n'était point là une mesure de terreur, comme le prétendent les journaux russes. Les propriétaires ont obtempéré à l'invitation avec la conviction profonde que ce sacrifice était nécessaire et salutaire. Aussitôt le décret du gouvernement national promulgué, la corvée facultative et les redevances pécuniaires des paysans polonais cessèrent dans tout le pays pour ne plus se relever, même bien avant le terme du 1er avril 1863. La somme *annuelle* des rentes et faisances, aussi généreusement abandonnée en vertu de l'ordonnance du gouvernement occulte, s'élevait à la somme importante de plus de 5,000,000 roubles d'argent (20,000,000 francs) au minimum (2). Pour beaucoup de ceux qui donnaient, la perte matérielle était immense; personne ne murmurait. Ainsi disparaissaient la défiance et l'animosité suscitées par le gouvernement du czar Nicolas entre le seigneur et le laboureur. Le décret du gouvernement national, religieusement exécuté, neutralisait le travail machiavélique des trente dernières années. La preuve en est dans les événements. Tous ceux qui ont suivi avec attention les épisodes sanglants de l'an 1863, en Pologne et en Lithuanie, sont convaincus que l'insurrection aurait été écrasée dans quelques semaines si elle n'avait été alimentée et protégée par les habitants des campagnes et des hameaux. Les paysans ont aussi abondamment payé leur tribut sur les gibets et dans les déportations. Jusqu'à l'an 1863, ils détestaient les Russes, et se défiaient du propriétaire; aujourd'hui, ils ne se défient plus de ce dernier, mais ils continuent à ne pas aimer les Russes.

Il est à remarquer que les paysans de la Lithuanie et de la Ruthénie, qui ont beaucoup de perspicacité et de finesse, ont très-bien compris que le gouvernement national polonais leur accordait bien plus, en 1863, que ne l'avait fait le czar par son ukase de 1861 abolissant le servage en Russie.

---

(1) Depuis l'an 1861, en vertu de la loi du 16 mai sur le rachat temporaire connue sous le nom de loi Wielopolski, la corvée était facultative au choix du paysan, lequel pouvait payer des prix indiqués assez modérés, variant selon les zones, de 7 1/2 kop. à 12 kop. par journée de corvée.

(2) Ce chiffre comprend uniquement la valeur des rentes et redevances des paysans établis sur les terres déclarées *terres de paysans* en 1846, par opposition aux terres de propriétaires, dites *terres de ferme*. Voyez le même calendrier de l'an 1860, p. 184; et le journal officiel de Varsovie, n° 22, du 30 janvier 1862.

C'est dans cet état de choses, qu'après quatorze mois de lutte, on a employé comme mesure suprême contre l'insurrection les quatre ukases concernant les paysans du royaume.

DISPOSITIONS DES QUATRE UKASES DU 2 MARS 1864.

V

Voici les dispositions principales du premier de ces ukases, intitulé : *le Règlement des paysans.*

Les terres dont les paysans ont actuellement l'usufruit, faisant partie soit des biens privés et des majorats, soit de la couronne, de l'Église et autres fondations, sont déclarées propriété entière des paysans qui en sont les détenteurs. (Art. 1er.)

A dater du 15 avril 1864, les paysans sont affranchis de toutes les redevances sans exception. Tous les arriérés des redevances sont annulés. Mais les paysans sont tenus dorénavant de verser à l'État, pour les terrains dont ils auront acquis la propriété, l'impôt foncier, — *en sus* des impositions et redevances fiscales et communales dont ils sont déjà frappés.

Cet impôt sera établi sur trois bases différentes. — Dans les biens de l'État et les majorats, il équivaut aux deux tiers des redevances qu'il doit remplacer. — Dans les autres biens, il égale la somme des trois impôts directs sur les foyers, routes et prestations en blé, — ou bien il sera fixé par l'évaluation du terrain concédé à tant par morgue. (Art. 2, 27, 39.)

Les propriétaires des biens-fonds recevront de l'État une indemnité, — *en échange des redevances abolies.* Le chiffre et le mode de cette indemnité sont réglés par le décret instituant la Commission de liquidation. Les propriétaires sont en outre relevés de leur *obligation* d'accorder certains secours aux paysans en cas de désastres exceptionnels, et de leur fournir à titre de prêt des bestiaux, des ustensiles aratoires, des semences, etc. (Art. 3, 4.)

Dans tous les biens, quels qu'on soient d'ailleurs les propriétaires, les paysans acquièrent le droit de propriété sur tous les terrains dont ils se trouvent actuellement les possesseurs, sans aucune restriction quant à l'étendue de ces terrains, — *nonobstant tous les contrats et stipulations notariés ou sous seing privé,* — nonobstant tous les inventaires et tableaux administratifs, — et quand même ils seraient établis sur la terre réputée exclusivement seigneuriale en vertu de la loi de 1846.

Sont exceptés : — les établissements agricoles fondés par les propriétaires attenants aux hôtelleries de villages, moulins, briqueteries, forges, etc. ; — ceux des bergers, jardiniers, forestiers et autres de la domesticité du seigneur, quand les maisons qu'ils occupent sont situées près de la maison du seigneur ou près de la ferme et non dans le village ; —

los terres seigneuriales données à bail aux paysans, quand le bail est à terme et par écrit. (Art. 5, 10, 14.)

Les paysans auront en outre la faculté d'acquérir en toute propriété les terrains qu'ils possédaient lors de la promulgation de l'ukase du 7 juin 1846, quand même ces derniers auraient été délaissés depuis ou replacés sous l'administration immédiate du propriétaire, sans avoir été en même temps échangés contre d'autres terrains. Un terme de trois ans, à partir du 15 avril, est accordé aux paysans pour faire valoir le droit de revendication au moyen de pétitions qui seront adressées aux commissaires des cercles et aux commissions pour les affaires des paysans. Lors même qu'il y a eu un échange, le paysan peut revendiquer le terrain de l'an 1846, s'il prétend que l'échange a été opéré arbitrairement et illégalement. (Art. 6, 7, 8.)

En acquérant le droit de propriété sur le terrain, le paysan l'acquiert aussi sur les bâtiments qui couvrent le sol, les bestiaux, les ustensiles aratoires, les semences, etc., qui s'y trouvent. (Art. 9.)

Les paysans conservent la jouissance des divers avantages et servitudes foncières qui sont attachés aux terrains qu'ils acquièrent, et qu'ils retirent des biens seigneuriaux quels que soient d'ailleurs le mode de leur établissement et leurs titres constitutifs. Un décret de revendication leur est également accordé pour les servitudes éteintes par non-usage forcé et abusif.

L'extinction légale de ces divers avantages, comme le droit au bois de la forêt du seigneur, le pâturage commun sur les terrains ou dans les forêts, dus aux paysans, ne s'effectuent qu'à l'amiable entre ceux-ci et le propriétaire. Une loi *subséquente* aura à stipuler expressément les cas où les propriétaires pourront réclamer une durable extinction obligatoire contre une indemnité équitable. (Art. 11, 12.)

Les droits de chasse et de pêche entrent dans la jouissance collective de la commune rurale.

Le droit de brasserie et de la vente des liqueurs en détail, comme accession au droit de propriété, se trouve aussi acquis à la commune prise collectivement, mais les revenus que ce droit entraine sont affectés à augmenter les ressources destinées à fournir l'indemnisation des propriétaires jusqu'à liquidation complète. (Art. 16, 17.)

Tout paysan propriétaire aura le droit de louer, d'hypothéquer et d'aliéner sa propriété foncière. Mais, afin d'empêcher la ruine des paysans, il est provisoirement défendu : — d'aliéner ou d'hypothéquer séparément le terrain, la maison et bâtisses rurales ; — seuls, les paysans auront le droit d'acheter ou prendre en nantissement les fermes qu'ils acquièrent par des conditions *aussi favorables*, en vertu de la présente loi (textuel).

Le comité chargé de l'organisation rurale aura à arrêter les dispositions spéciales à ce sujet. (Art. 18, 19.)

La répartition de terrains délaissés et vacants pourra s'effectuer soit en bloc, soit en détail et par parties.

Les paysans pourront échanger leurs terres entre eux ; mais, afin de garantir les perceptions de l'impôt foncier, le comité *ad hoc* doit prescrire les mesures réglementaires et *temporaires*. Quant aux échanges nécessaires en vue de la délimitation des biens, le comité y pourvoira *ultérieurement*. (Art. 20, 24.)

Les terres acquises aux paysans leur reviennent affranchies de toutes charges envers les tiers. Elles sont libérées également de toutes les obligations et stipulations inscrites soit en contrats, soit régies par les coutumes, comme le denier à chaque aliénation, l'augmentation de la rente après vingt ans, des interdictions frappant l'industrie manufacturière des paysans, la coutume qui obligeait le paysan d'acheter l'eau-de-vie à la brasserie du seigneur, etc. (Art. 25, 26.)

N. B. Cette coutume comme servitude personnelle de l'homme, abolie par le Code civil, avait cessé d'être obligatoire en l'an 1807.

Le développement *ultérieur* du présent décret sur les bases sanctionnées est déféré au comité chargé de l'organisation rurale. (Art. 43.)

Voici les dispositions essentielles du deuxième décret, intitulé : *l'Organisation communale.*

Le pays est divisé en grandes et en petites communes rurales. — Les circonscriptions de grandes communes instituées par l'ukase de 1859 sont provisoirement maintenues.

Le comité principal, chargé de l'organisation rurale du royaume, élaborera le projet d'une nouvelle subdivision territoriale; néanmoins il peut y introduire *sur-le-champ* tels changements de subdivision qu'il jugera nécessaires.

La grande commune est composée : 1° — des villages et colonies habités par des paysans ; — 2° des fermes et des habitations seigneuriales, et autres propriétés foncières.

La petite commune est composée entièrement de paysans.

L'administration de la grande commune est composée de l'assemblée d'un maire, d'un adjoint et d'un tribunal avec ses conseillers. En outre, les communes ont droit, si elles le trouvent nécessaire, d'avoir des collecteurs, des inspecteurs d'école et d'hôpitaux, des gardes-champêtres et forestiers, et d'autres fonctionnaires ruraux. (Art. 11.)

L'assemblée de la grande commune est composée de toutes les personnes majeures possédant chacune 3 morgues de terre au minimum, sans distinction de culte.

Sont exclus des assemblées : — les juges de paix de la localité ; — les ecclésiastiques ; — les membres de la police du district, quand même ces personnes y posséderaient les terres ; — les personnes mises en jugement pour crimes ou délits, ainsi que les personnes placées sous la surveillance de la police.

Les personnes n'ayant pas le droit de prendre part aux délibérations ne peuvent y assister sous peine d'être passibles de jugement, à l'exception de celles qui seraient chargées de mettre à exécution le présent décret ou d'en surveiller l'exécution. (Art. 7, 8, 13.)

Les assemblées seront convoquées de droit quatre fois l'an ; — le maire peut convoquer l'assemblée en tout temps. (Art. 14.)

(Suivent les attributions, dans l'état normal et sous l'état de siége, des assemblées, des maires, du tribunal de la grande commune, composé du maire et de deux conseillers au moins ; — les conditions d'éligibilité à la fonction de maire ; — l'administration de la petite commune régie par l'assemblée et l'adjoint ; — le tout longuement formulé.)

Le troisième ukase, intitulé : *l'Institution d'une commission provisoire*, contient ce qui suit :

Il est *temporairement* institué une commission *provisoire* de liquidation appelée à diriger les opérations financières qui ont pour but l'indemnisation des propriétaires fonciers. (Art. 1er.)

La commission de liquidation est appelée à préparer et à délivrer, à qui de droit, les titres de rente et listes de liquidation, à payer les intérêts échus et faire amortir progressivement les titres de rente.

Elle est composée d'un président nommé par l'Empereur et de trois membres nommés par le comité principal, chargé de l'organisation rurale du royaume.

Deux fois l'an, la commission rend compte de ses opérations en séances publiques, lequel sera publié par les journaux.

Aussitôt que les opérations qui concernent la délivrance des listes de liquidation et l'amortissement des titres auront diminué, il sera statué *ultérieurement* sur les changements nécessaires, et avec le temps, les attributions de la commission pourront être transportées sur une autre autorité compétente. (Art. 2, 9.)

Le trésor du royaume délivrera annuellement à la commission de liquidation pour une période de quarante-deux ans :

1° La somme équivalente à 5 0/0 d'intérêt de tout le capital de liquidation ;

2° Tous les frais d'entretien, de personnel et de matériel. (Art. 19.)

Afin de subvenir aux dépenses du trésor pour l'indemnisation des propriétaires, il sera prélevé, en outre de l'impôt foncier dont les paysans propriétaires seront grevés (art. 2 de l'ukase 1er), l'imposition additionnelle sur tous les impôts directs dont sont frappés actuellement tous les autres *biens immeubles* du royaume.— On consacrera au même usage les produits de la vente des boissons dans les terrains accordés aux paysans jusqu'à complète liquidation, le produit de la vente d'une certaine partie des domaines de l'État, comme terres, forêts et mines.

Le comité principal, chargé de l'organisation rurale du royaume, soumettra dans le plus bref délai, à la sanction impériale, tous les projets de loi relatifs à ces mesures financières, et c'est à lui qu'incombe le soin et le travail d'exécution. (Art. 11.)

Le payement exact des intérêts aux porteurs des titres de rente, l'amortissement progressif et annuel, sont garantis par toutes les ressources et l'avoir public du royaume. (Art. 13.)

L'indemnité accordée aux propriétaires sera composée de 2/3 ou de 4/5 de rentes annuelles des terres des paysans se trouvant sur leurs domaines. Le total sera capitalisé à 6 0/0 c'est-à-dire multiplié par 16 2/3. (Art. 26.)

L'évaluation de la rente annuelle est formée d'après les règles suivantes :

Le pays entier est divisé en quatre zones.—Le maximum de la valeur de la rente annuelle à tant par morgue, selon les zones, y est fixé de 90 kop. à 1 rouble arg. 20 kop. (de 3 fr. 30 c. à 4 fr. 40 c.; la morgue = 1/2 hectare).

Quand même l'évaluation des redevances n'excéderait guère le maximum fixé comme valeur de la rente annuelle à tant par morgue, le comité organisateur peut cependant diminuer cette double évaluation jusqu'à la concurrence de 40 0/0, s'il le trouve équitable. — En revanche, les propriétaires (les seigneurs) peuvent demander l'évaluation du terrain à leurs frais, conformément aux règles observées dans les domaines de l'État.

Les terres des paysans sont divisées en deux catégories, selon la nature des redevances qui pesaient sur eux : — A la première, appartiennent les paysans qui s'acquittaient en corvée hebdomadaire ou en argent, en vertu de la loi connue sous le nom de la loi Wielopolski de l'an 1861 ; — à la seconde, les paysans qui étaient déjà censitaires, soit avant, soit après la loi de 1846. Nonobstant toutes les stipulations de contrats dressés même avant l'an 1846, le cens et les redevances en céréales seules, sauf de très-rares exceptions, forment les éléments de l'évaluation de la dernière catégorie.

Quant à la première catégorie, l'évaluation sera faite d'après les prix qui sont indiqués également selon les zones (de 7 1/2 kop. à 12 kop. pour le travail d'une journée de corvée, de 20 kop. à 30 pour le travail d'une journée d'animaux, l'attelage à deux bœufs ou chevaux ; de 30 à 45 kop. l'attelage de quatre bœufs ou chevaux) Les 2/3 de l'évaluation constitueront le montant de la rente annuelle.

Pour la seconde catégorie, les 4/5 de l'évaluation constitueront le montant de la rente annuelle. (Art. 15 à 33.)

Le capital de la liquidation sera délivré *au pair* en titres de rente, soit en obligations du trésor au porteur portant 4 0/0 d'intérêts et amortis annuellement. Les titres seront de 1,000, de 500, de 250 et de 100 roubles arg. Le payement des intérêts échus sur les coupons demi-annuels se fera tous les six mois à la caisse de la commission. (Art. 44, 53.)

La commission retirera progressivement de la circulation un certain nombre de titres de rente employant à cet effet : — 1° la cinquième partie des sommes délivrées par le trésor du royaume, en vertu de l'art. 10 ; — 2° tout ce qui restera des sommes affectées au service des intérêts. (Art. 54, 59.)

Les coupons d'intérêts échus seront reçus par les caisses de l'État au même titre que les valeurs monétaires.

Les titres de rente peuvent être acceptés comme gages hypothécaires par les caisses et la Banque du royaume, conformément aux règles qui *seront établies*.

Les étrangers porteurs des titres de rente jouissent des mêmes droits que les nationaux, et même, en cas de guerre avec l'État auquel ils sont soumis, la commission est tenue de leur payer intégralement ce qui leur est dû. (Art. 60, 62.)

La somme totale des titres de rente mise en circulation ne peut excéder, dans aucun cas, la somme totale de l'indemnité due aux propriétaires. Aucun ordre ni loi ne peuvent relever le président et les membres de la commission de liquidation de la plus sévère responsabilité sur leurs personnes et leurs fortunes, en cas de contravention à la disposition ci-dessus mentionnée. (Art. 47.)

Le comité organisateur présentera immédiatement à la sanction impériale la loi sur les modes de délivrer les titres de rente aux propriétaires dont les terres sont grevées de dette du Crédit foncier du royaume et autres hypothèques. Dans ce cas, les droits de la société du Crédit foncier, ainsi que ceux des tiers, doivent être strictement respectés. (Art. 42.)

Si le propriétaire déclare se désister de l'indemnité totale ou en partie, l'émission des titres n'aura pas lieu, et la somme respective sera rayée du tableau.

Le désistement peut avoir lieu soit par une déclaration formelle, soit par la non-réclamation du payement dans un temps déterminé.

Il sera statué *ultérieurement* sur les mesures nécessaires dans ces deux cas, afin de sauvegarder le droit des créanciers. (Art. 49, 50, 51.)

Voici enfin le quatrième ukase, intitulé : *la Procédure ou le mode d'exécution.*

Le lieutenant du royaume prendra les mesures nécessaires quant à la publication des nouvelles lois sur les paysans.

Leur exécution et leur développement sont confiés : — au comité principal chargé de l'organisation rurale; — à la commission de liquidation; — aux commissions pour les affaires des paysans. (Art. 1er.)

Quant au gouvernement d'Augustowo, faisant *temporairement* partie de l'administration du chef militaire des provinces lithuaniennes, c'est à lui qu'appartiendra de publier lesdites lois et de veiller à leur exécution. C'est lui qui décidera les affaires de la commission de la goubernie d'Augustowo, et afin d'éviter les difficultés, ladite commission, le cas échéant, en référera au comité principal du royaume. (Art. 2.)

Le comité principal sera présidé par le lieutenant et composé de membres : — les uns permanents, nommés par l'Empereur; — les autres temporaires, invités chaque fois par le président, afin de discuter les questions qui les concerneraient, savoir : le chef général de la police du royaume, les directeurs en chef des ministères, le président et les membres de la commission de liquidation.

Les présidents des commissions pour les affaires des paysans y seront appelés avec voix consultative dans les affaires de leurs goubernies respectives. (Art. 37.)

Le comité principal a toutes les attributions du conseil du gouvernement, *c'est-à-dire l'autorité suprême* dans tout ce qui concerne les quatre ukases sur les paysans. Tous les pouvoirs civils et militaires du royaume lui sont subordonnés sans exception. C'est lui qui nomme et révoque les présidents et les membres des commissions pour les affaires des paysans des goubernies. Il rend les lois et les décrets organiques nécessaires au développement et à l'exécution desdits ukases.

C'est à lui de régler les formes nécessaires, afin d'instituer l'hypothèque de la petite propriété, et décider toutes les questions des servitudes foncières de la délimitation et de séparation, de fixer définitivement le montant de chaque indemnité, etc. En un mot, c'est un pouvoir extraordinaire qui cumule toutes les fonctions administratives, judiciaires et financières, et décide tout *sans appel*.

Le comité décide les questions collégialement (l'ukase ne dit pas combien il y aura de membres), ou bien le président décide seul, selon les circonstances. L'un des membres dirigera spécialement les travaux du comité, en référant au besoin au président.

Il aura des employés spéciaux, une chancellerie, secrétaires, taxateurs, arpenteurs, etc.; un budget spécial qui sera fixé ultérieurement, etc. (Art. 4, 9.)

Une fois les opérations essentielles terminées, il sera statué par décret spécial sur les autorités permanentes auxquelles seront confiées les affaires de l'administration rurale. (Art. 10.)

Dans chaque goubernie (département), il y aura une, jusqu'à quatre au plus, « commission pour les affaires des paysans. »

Tout le pays sera divisé en cercles, d'après le mode que le comité principal jugera convenable.

Chaque commission de goubernie aura à gérer quatre à huit cercles.

La commission départementale sera composée d'un président et de quatre à huit commissaires; chaque cercle aura un commissaire spécial.

Les commissions statuent sur toutes les affaires indiquées dans les nouvelles lois. Leurs décisions sont sujettes à l'appel devant le comité principal.

Les propriétaires des biens-fonds seront invités à dresser eux-mêmes les projets des tableaux de liquidation.

Ces projets seront vérifiés sur lieu et confirmés par lesdites commissions des goubernies.

Les commissions auront également leurs budgets, employés, secrétaires, arpenteurs, etc.

Les étrangers, et notamment ceux qui seraient experts dans ces matières, seront appelés à faire partie des commissions pour les affaires des paysans.

Le comité principal peut y appeler aussi, s'il le trouve convenable, le chef militaire du district pour y siéger avec voix décisive.

Les commissions auront à *faciliter*, entre autres, aux chefs militaires l'institution des grandes et des petites communes, ainsi que la police, sur les maires et les adjoints, l'établissement des paysans sur les terrains délaissés.

La nomination et la révocation du président et des membres de la commission de la goubernie d'Augustowo appartient au chef militaire de la province lithuanienne. Il peut, s'il le juge convenable, la diviser en plusieurs sections.

Les commissions décideront des affaires, soit collégialement au nombre de trois membres, soit le président seul, soit le commissaire sur lieux.

Nonobstant les règles tracées sur les matières qui peuvent être réglées par les commissions elles-mêmes, le comité principal peut se réserver la décision définitive.

Le président peut arrêter la décision de la commission et en référer au comité.

Il présente les rapports au comité, visite les cercles, surveille les travaux des commissaires et se rend aux séances du comité principal, en y siégeant avec voix facultative. (Art. 11, 53.)

Aussitôt l'opération sur lieux terminée, la commission dresse le tableau de liquidation définitive ; le comité principal le confirme, fixe le montant de l'indemnité et en donne avis dans le journal officiel du royaume. (Art. 54.)

ÉTAT ACTUEL DES CLASSES RURALES. — RENSEIGNEMENTS STATISTIQUES.

VI

Cette énumération, déjà abrégée, est bien longue ; mais aucun résumé analytique ne pourrait la remplacer. Il faut la lire pour apprécier exactement l'opération sociale entreprise par le gouvernement russe.

Voici maintenant quelques données statistiques puisées dans les documents officiels dont nous avons déjà indiqué la source, et qui servent à comprendre la situation des choses dans ce malheureux pays.

Le royaume de Pologne actuel, le royaume du Congrès, dont la superficie est de 2,320 milles pog. carrés, est divisé administrativement en cinq goubernies : Varsovie, Lublin, Radom, Plock, Augustowo. — Chaque goubernie est divisée en districts, dont le nombre varie selon la population de chaque goubernie mais dont le nombre total est 39. A la tête de chaque goubernie se trouve le gouverneur de la province, relevant des commissions ou ministères, siégeant à Varsovie au nombre de quatre, savoir : 1° commission ou ministère des cultes et de l'instruction publique ; — 2° commission de l'intérieur ; — 3° commission de la justice ; — 4° commission des finances.

Au-dessus de ces commissions il y a le conseil des ministres ou le conseil administratif et depuis 1861 le conseil d'État.

Les conseils administratifs et d'État sont présidés par le lieutenant du royaume. Les fonctions du gouverneur de province équivalent à celles du préfet de département en France. Chaque district est administré par le chef du district dont les fonctions équivalent à celles de sous-préfet.

Tout le pays, excepté les grandes et les moyennes villes, peu nombreuses d'ailleurs, est divisé (il est bien entendu que nous parlons de l'époque antérieure au 2 mars 1864) en communes rurales (gminy). Ces communes rurales, au nombre environ de 4,000, renferment 22,613 villages, dont 17,837 appartiennent aux particuliers, 3,446 à l'État; 837 forment les majorats offerts plus ou moins gratuitement aux généraux russes, 288 appartiennent au clergé, 122 aux différentes fondations, 83 aux municipalités.

Il y a de petites villes qui font également partie des circonscriptions communales.

A la tête de chaque commune rurale se trouvait jusqu'aujourd'hui le « Wojt » ou maire, comme le dernier échelon du pouvoir exécutif. Les préambules des ukases disent que le maire c'était le seigneur en vertu de son droit de juridiction patrimoniale, mais c'est là une erreur; car, comme nous l'avons mentionné, la juridiction patrimoniale avait été abolie dans tout le royaume de fait et de droit avec le Code Napoléon, en 1807. Le propriétaire du village avait tout simplement la faculté de demander l'exercice *gratuit* à ses frais de ces importantes fonctions, soit pour lui-même, soit pour le candidat dont il était responsable, mais sa demande pouvait être acceptée ou rejetée par les autorités. Le propriétaire aussi bien que le remplaçant était assujetti à de certaines conditions de capacité et d'instruction.

C'était, au surplus, un vrai bienfait pour les paysans polonais que l'exercice gratuit des fonctions de maire par le propriétaire du village, car le plus fréquemment, grâce au système d'éducation inauguré par l'empereur Nicolas, le propriétaire et sa famille étaient les seuls du village qui savaient lire et écrire.

Le maire avait sous ses ordres un ou plusieurs officiers ministériels nommés *soltys*.

Le pouvoir de la police judiciaire exercé par le maire était très-restreint et en tout subordonné aux cours de justice ordinaires.

La population de chaque commune varie depuis 50 familles ou foyers au moins jusqu'à 200. Il y a aussi des communes qui s'élèvent jusqu'à 1,000 familles, ou environ 4,000 habitants des deux sexes.

Les paysans du royaume, c'est-à-dire les laboureurs qui s'adonnent à l'agriculture dans les terres de l'État, des particuliers et autres, peuvent être rangés en catégories, comme suit :

1° Les laboureurs-propriétaires, *ab antiquo* : beaucoup d'entre eux sont nobles, mais pauvres ; leurs titres nobiliaires, déchirés par le gouvernement russe, remontent souvent au xive et au xve siècle.

2° Les laboureurs censitaires à perpétuité (1) ou emphytéotiques établis longtemps avant l'an 1846 sur les terres *ab antiquo* formant la propriété exclusive du seigneur soit en vertu des anciens priviléges, soit en vertu des contrats notariés, et le plus souvent hypothéqués, soit enfin en vertu des contrats sous seing privé également très-anciens. — Les redevances annuelles de ces censitaires, selon le terrain, serait en moyenne de 2 roub. arg. par morgue. — Il y a même des contrées exceptionnelles, près des villes, où elles s'élèvent à 14 roub. arg. par morgue (1/2 hectare).

Les censitaires de cette catégorie ont généralement les bâtisses et les ustensiles aratoires en propre.

3° Les laboureurs censitaires nommés aussi improprement à perpétuité, établis soit avant l'an 1846, soit après, sur les *terres* dites *des paysans* rustiques. — Toute famille de paysan de cette catégorie possède au moins les trois morgues de terrain.

4° Les censitaires colons ou fermiers à terme de 20 ans, de 40 ans et au delà, établis sur les terrains, soit exclusivement seigneuriaux, soit sur les terres de paysans.

Ce que nous avons dit plus haut sur le mode des contrats, leur enregistrement dans les livres hypothécaires et sur les prix de la rente annuelle s'applique également à ces deux catégories.

Mais il est important de remarquer que les censitaires à perpétuité ainsi que les fermiers à terme, établis sur les *terres de paysans*, en vertu de la loi de l'an 1846, jouissent en majorité immense des bâtisses, semences, bestiaux, ustensiles aratoires appartenant au bailleur, c'est-à-dire au propriétaire du village ; — que tous ces contrats notariés ou sous seing privé avaient été ou discutés et confirmés par les autorités administratives, ou reconnus valables par la loi de l'an 1862 du 5 juin, connue sous le nom de la loi « de l'*accensement d'office.* »

5° Les anciens corvéables ou paysans possédant 3 morgues de terre au moins, tous sans exception jouissant des bâtisses, semences et ustensiles du propriétaire ; mais remarquons que là où le propriétaire du village lui-même est pauvre, et ce cas est très-fréquent, le fermier est très-pauvre aussi en bestiaux et ustensiles aratoires.

---

(1) La qualification à perpétuité employée aux termes de la loi est impropre, vu qu'ils ont la faculté du rachat.

D'après la loi du 16 mai 1861 ils étaient corvéables à volonté, c'est-
à-dire qu'on leur avait permis le rachat temporaire généralement modéré de 7 1/2 kop. à 12 kop. par journée de corvée. Cette rente avait été
servie par les paysans dès le 1er octobre 1861 jusqu'au 1er avril 1863,
jour auquel elle a été abandonnée dans tout le pays par suite du décret
du gouvernement national (du 22 janvier 1863), et surtout par
suite de l'acquiescement des propriétaires.

6° La sixième catégorie est composée des journaliers-locataires, possédant chacun moins de 3 morgues établies généralement aux frais ex-
clusifs du propriétaire de village sur les terres seigneuriales, jouissant
des bâtisses et semences fournies par le propriétaire en vertu des stipulations verbales ou par écrit, renouvelées d'année en année.

7° Enfin la septième et dernière catégorie renferme, comme dans tous
les pays, la domesticité non-seulement du seigneur, mais celle aussi de
tous les censitaires, colons et fermiers ; en d'autres termes, les valets de
ferme et autres journaliers.

Les documents officiels que nous avons sous la main manquent de
détails exacts sur les chiffres des populations des catégories que nous
venons d'énoncer.

Cependant, sous toute réserve, nous pouvons placer ici les chiffres
suivants, d'après le recensement de l'an 1859 (1).

En 1859 il y avait sur les terres des particuliers :

Laboureurs des quatre premières catégories, y compris les femmes et les
    enfants. 750,586
Laboureurs de la cinquième catégorie (*idem*). 748,049
Les laboureurs de la sixième (*idem*). 134,266
Les valets et journaliers (*idem*). 514,216

                          Total. 2,147,117

Les documents officiels ne disent rien, quant au nombre des paysans,
des majorats et autres domaines.

La superficie des terres des particuliers (sous toute réserve), car les
travaux d'arpentage sont très-imparfaits et même manquent totalement dans beaucoup de localités) s'élève en chiffres ronds à 500,000
wlouka (2).

Celle des terres de l'État et autres à 250,000 wlouka.

Les forêts des particuliers s'élèvent à 128,516 wlouka, dont la moitié
à peine peut être considérée comme aménagée et exploitée en coupes
réglées.

---

(1) *Calendrier astronomique* de l'an 1860, p. 162.
(2) Wlouka, environ 15 hectares.

Les pâturages communs ou indivis forment un total très-considérable d'environ 4,600 wlouka.

L'agriculture est loin d'être dans un état florissant, car les prairies et les pâturages forment à peine un quart des terres arables; et il est très-important d'ajouter que les *terres de paysans* sont, en immense partie, jetées et disséminées en morceaux de différente étendue, au travers des terres affectées à la grande culture. (V. p. 9, 2e note.)

Pour clore cette énumération, rappelons que depuis quinze mois, le royaume entier est divisé en circonscriptions militaires. Dans chaque district il y a deux ou trois chefs militaires qui sont en dehors de toutes les lois et de toutes les autorités judiciaires et administratives. Le gouvernement d'Augustowo est détaché du royaume et annexé *temporairement* à la circonscription de Wilna, sous les ordres immédiats de ce général Mourawieff dont les cruautés ont révolté l'opinion publique.

APPRÉCIATION DES QUATRE UKASES.

VII

Maintenant, que nous avons pris connaissance du terrain sur lequel doivent s'opérer, au son du tambour, les évolutions sociales, qui concernent non-seulement les millions d'habitants actuels du royaume, mais ce qui est plus grave encore, l'avenir des générations futures, apprécions, aussi succinctement que possible, les ukases, sous leurs différents aspects, et voyons ce qu'ils disent, — ce qu'ils passent sous silence, — ce qu'ils laissent entrevoir à travers les contradictions, les ambiguïtés et les confusions qu'ils renferment.

Le premier de ces ukases, ayant pour objet *le règlement des paysans*, dit aux laboureurs : — J'offre la terre à qui veut en avoir; — je l'offre gratuitement avec tous les pâturages et servitudes sur les forêts dont vous avez tant besoin; — j'abolis les taxes et impositions dont vous étiez surchargés au profit du seigneur du village, votre ennemi et tyran; — je déchire et mets au néant toutes les stipulations, tous les contrats, quelle que soit leur époque et leur solennité, quelles que soient les lois promulguées antérieurement; — je déchire le droit du propriétaire concernant la fabrication des boissons, et vous permets d'avoir de l'eau-de-vie en abondance et à bon marché; — je lève les interdictions qui frappaient votre industrie agricole et manufacturière, afin que vous soyez propriétaires absolus et indépendants; — et pour calmer vos consciences honnêtes, je vous annonce que je vais indemniser le seigneur de mes propres deniers.

En échange de tous ces bienfaits je ne demande que votre assistance pour écraser l'insurrection de vos tyrans.

D'autre part, l'ukase aux propriétaires, c'est-à-dire aux expropriés :

Je déchire les liens qui vous unissaient aux paysans; — je vous délivre de l'obligation de leur accorder des secours en cas de désastres exceptionnels; — je vous dispense de l'obligation de leur fournir à titre de prêt les bestiaux, les semences et les ustensiles aratoires. — Je vous apporte en échange de ce que vous perdez de l'argent à profusion, une indemnité pleine et entière.

Voyons à présent ce que l'ukase ne dit pas ou ce qu'il dit, de telle manière que l'interprétation, selon la décision du comité ou le bon plaisir du premier commissaire militaire chargé de l'exécution sur lieu, peut amener la ruine soit du propriétaire, soit du paysan, souvent de tous les deux, et de plus la ruine des tiers, des créanciers hypothécaires.

Mais alors, objectera-t-on, qui est-ce qui recueillera le butin ? Eh bien, il appartiendra au plus fort du moment, c'est-à-dire au gouvernement russe; ou mieux il sera empoché par le commissaire militaire, qui le partagera avec ses supérieurs.

L'effet des quatre ukases du 2 mars, à côté du but politique, sera de garnir les goussets insatiables et toujours vides des employés russes, grands et petits, civils et militaires. C'est une contribution révolutionnaire sur une vaste échelle dans tout le royaume, sans distinction de classes et de conditions.

Ce que l'ukase ne dit pas ou ce qu'il cherche à envelopper dans des ambages, c'est :

1° Que l'Empereur, tout autocrate qu'il est, est impuissant à distribuer la terre à tous ceux qui voudraient en avoir. Voilà pourquoi l'art. 10 contient l'énumération de tous les paysans auxquels la loi ne s'applique pas. L'énumération est telle cependant que la loi peut s'appliquer, selon l'interprétation du comité principal chargé de l'exécution, ou du premier commissaire venu, à un nombre plus ou moins restreint ou plus ou moins élevé de laboureurs.

2° Que le don est loin d'être gratuit, vu que dorénavant le paysan sera imposé pour des taxes nouvelles au profit du fisc en sus des impôts directs actuels, taxes très-considérables et *à perpétuité*.

3° Que les pâturages indivis ou communs et les servitudes foncières, objets de difficultés et de procès innombrables dans les pays les plus civilisés, seront accordés ou retirés selon la décision du commissaire; — de même pour les séparations, délimitations et distributions des terrains; — et ce qui est plus grave, c'est que toutes les mesures prises sur les lieux, même avec l'assentiment sincère de tous les intéressés, pourront être totalement anéanties par les lois nouvelles de délimitatation, d'extinction des servitudes, etc., dont l'élaboration est confiée au comité principal; c'est-à-dire qu'il n'y a rien de stable, que tout peut être changé du jour au lendemain.

4° Que la faculté accordée à la commune, prise collectivement, de posséder des brasseries et débits de spiritueux est une libéralité purement illusoire, car toutes les communes sans exception sont pauvres et manquent de capitaux.

Ceci s'applique aussi à l'abolition pompeusement annoncée des interdictions manufacturières qui pesaient sur les cultivateurs.—Il est ridicule de parler de la levée des interdictions manufacturières quand les capitaux manquent non-seulement aux petits, mais aux grands propriétaires.

5° Que le paysan n'aura point la propriété pleine et entière, attendu qu'il est réservé au comité d'élaborer ultérieurement un projet de loi sur les modes d'après lesquels il sera permis d'aliéner et hypothéquer la petite propriété.

6° Que tous ces règlements sur les paysans sont *temporaires*, puisque le législateur promet solennellement de s'en occuper *ultérieurement*.

Les questions les plus graves, comme celles des créanciers hypothécaires, du Crédit foncier du royaume, créancier du premier ordre et privilégié, sont aussi indiquées dans l'ukase comme devant être résolues *ultérieurement*.

7° Qu'il y aura nécessairement un grand nombre d'hommes pour lesquels la condition de laboureur empirera en vertu de la nouvelle loi, au lieu de s'améliorer, et voici comment :

Tel colon censitaire possesseur d'un terrain de 30 morgues, qui, en vertu d'un contrat avantageux sous tous les rapports, sert une rente annuelle très-modérée,— supposons 1 1/2 r. arg. par morgue avec la faculté de la faire disparaître totalement au moyen des épargnes et versements annuels, — se verra momentanément allégé, car il payera un peu moins au fisc en guise d'impôt; mais en changeant de créancier il se trouvera dans des conditions désavantageuses. En effet, à la place d'un créancier privé, le plus souvent indulgent, il aura affaire à un créancier qui ne peut et ne saurait accorder ni remise, ni délai dans aucun cas. A la place d'une charge, toujours temporaire, toujours facultative, susceptible d'amortissement dans un laps de temps déterminé, il sera grevé d'une charge à perpétuité et susceptible de s'élever selon les besoins du fisc. Sous un gouvernement autocratique il n'y a aucune espèce de garantie que l'impôt direct ou indirect ne soit augmenté d'un jour à l'autre.

Tel autre, ancien corvéable, censitaire facultatif, jouissant aujourd'hui de trois, quatre, cinq morgues de terrain et au delà, appartenant à la nombreuse catégorie ci-dessus mentionnée (la cinquième) n'ayant le plus souvent ni bestiaux, ni ustensiles en quantité suffisante, ni une obole d'économisée, ne connaissant même pas la nécessité des épargnes, ayant toujours eu pour tout capital ses deux bras robustes et ceux de sa compagne, — se verra médiocrement satisfait d'être transformé en propriétaire, moyennant *un impôt*. Il comprendra parfaitement que le jour de l'échéance, l'État ne pourra accepter au lieu de l'argent le travail d'un ou de deux jours, mais que sa propriété, tout son avoir sera vendu à l'encan pour satisfaire le fisc.

Et que deviendra le futur propriétaire encore plus infime, le journalier locataire compris dans la sixième catégorie, ne possédant souvent qu'une morgue de terrain, une chambre qu'il partage avec une autre famille, n'ayant en propre ni bœuf, ni charrue?

Il est évident que la loi nouvelle tend à créer autant que possible (il semble que ce soit à dessein), non de petits propriétaires indépendants, mais des prolétaires très-dépendants.

L'ukase passe sous silence, en ce qui concerne les expropriés :

Que le souverain est impuissant à supprimer d'un trait de plume les liens matériels et moraux qui unissent les paysans aux anciens seigneurs; — qu'il est inexact de qualifier d'*obligation* ce qui jamais ne l'a été et ne pouvait l'être, les secours que le propriétaire donnait aux colons, aux fermiers, aux paysans de toutes les catégories, en bestiaux, en semences ou en ustensiles. Ces secours, œuvre de charité chrétienne d'abord, et conséquence inévitable des rapports mutuels, ne pourront être interrompus malgré le nouveau règlement.

Mais pour montrer au lecteur ce qui se cache de perfidie dans ce détail, quelques mots d'explication sont indispensables.

En 1846, le gouvernement russe avait fait dresser, nous l'avons dit, les inventaires ou tableaux administratifs dans lesquels furent inscrits les détails suivants : — La quantité de terrain que le paysan possédait; — les bâtisses, les semences, les bestiaux, les ustensiles aratoires en propre ou en jouissance.

Dans toutes les lois antérieures à l'an 1846, dans celles de 1858, de 1861 et 1862, il fut établi en principe (ce qui d'ailleurs était juste et naturel), qu'une fois le rachat opéré, le propriétaire serait indemnisé sur le tout, savoir : sur le terrain, les bâtisses, les semences, bestiaux et ustensiles livrés au nouveau propriétaire.

La législation du 2 mars 1864, contrairement aux précédentes, ne veut indemniser que le terrain seul, et pour motiver la spoliation, elle dit que les bâtisses et autres choses seront livrées au paysan gratuitement, moyennant l'exonération des propriétaires de la prétendue obligation de leur accorder des secours.

L'ukase ne dit pas que l'indemnité (comme cela résulte de ce que nous avons exposé, et des observations que nous présenterons sur l'ukase instituant les commissions de liquidation), ne sera pas même la moitié de la valeur du terrain et des redevances, et qu'elle peut être absolument illusoire.

Quelques observations sur la question des tiers et du crédit foncier du Royaume seront aussi à leur place ici afin de démontrer que l'ukase formule à dessein des promesses mensongères qu'il fait aux paysans sans pouvoir les tenir.

Les *propriétés foncières* du Royaume, celles de l'État et des particuliers, sont grevées de dettes considérables.

Quel est le chiffre réel de ces créances hypothécaires ? on ne le sait pas : il est bon de rappeler cependant que le *taux de l'intérêt* sur prêt hypothécaire s'élève jusqu'à 10 à 12 0/0. Mais ce qui est positif et hors de discussion, c'est que la société du crédit foncier du Royaume, ce créancier privilégié en vertu des lois de l'an 1825, 1838, 1853 et 1860, a hypothéqué sur ces terres la somme d'environ 70,000,000 roubles arg. (280,000,000 fr.).

Les *terres* dites *de paysans* forment aujourd'hui un tout indivisible et hypothécaire avec les terres seigneuriales; partant toutes les créances des particuliers et du Crédit foncier, sont gagées par ce tout indivisible, et aucune loi d'expropriation pour cause d'utilité publique ne peut les déposséder qu'en les indemnisant totalement et intégralement.

Chaque village possède un registre spécial ou livre hypothécaire, où sont inscrites les créances des tiers.

Les redevances des paysans censitaires y sont inscrites également, car elles forment la garantie sur laquelle est basée la sécurité des créances. Il y a des propriétés dont l'unique gage de sécurité pour les tiers repose sur les redevances et faisances des paysans. Il y a notamment dans les goubernies de Varsovie, de Lublin et d'Augustowo de nombreuses propriétés, soit des particuliers, soit de l'État, où il n'y a pas de terrain seigneurial : la propriété entière étant divisée en lots des paysans censitaires ou emphytéotiques.

Il est évident qu'il importe essentiellement aux tiers en général et à la société du crédit foncier en particulier, de savoir quelle sera leur sécurité hypothécaire après la loi nouvelle.

Le gouvernement russe ne pouvait pas l'ignorer, d'autant plus qu'une très-grande partie des titres mis en circulation par le Crédit foncier du Royaume, « les lettres de gage du Crédit foncier », sont entre les mains des capitalistes prussiens.

Or, voici ce qu'en dit l'ukase :

« Il sera statué *ultérieurement* dans tous les cas où la société du crédit foncier et les tiers seront intéressés ». Et en même temps il dit aux paysans : « J'accorde la terre libre des engagements envers les tiers. »

Allons au fond des choses.

Il est clair comme le jour que les ressources du Trésor étant depuis longtemps épuisées, les mesures ultérieures conduiront incontestablement le gouvernement russe à grever les paysans d'impôts nouveaux, équivalant aux rentes servies avant la mesure du 2 mars 1864, sinon à perpétuité, ce qui est encore possible, du moins jusqu'à l'amortissement du crédit foncier, ce qui ne peut avoir lieu qu'en 1881.

Quant aux particuliers, il est à prévoir qu'on ne s'en occupera pas beaucoup et qu'on leur dira d'accepter en payement de leurs créances les obligations du Trésor au pair, quand même ces papiers, au moment de l'émission, perdraient 25 0/0.

Tout est possible là où les principes de justice sont enfermés dans la formule : *Sic volo, sic jubeo, sit pro ratione voluntas.*

VIII

Arrivons à l'ukase n° 2, relatif à « *L'organisation des communes rurales.*

C'est une bigarrure curieuse de deux systèmes : on y trouve le système russe, qui règne dans les provinces moscovites sur les domaines de l'État où la commune rurale est comme un vil troupeau géré par un greffier qui sait lire et écrire, et par un starschina (ancien du village) qui ne sait ni lire ni écrire; le tout sous le pouvoir illimité des tchinowniks ou fonctionnaires ; en second lieu, on y trouve du système américain, quelque chose qui ressemble au self government et aux townships des États les plus démocratiques, comme une caricature à l'original.

Il est possible que le rédacteur de l'ukase ait étudié tant soit peu l'ouvrage de M. de Tocqueville sur l'Amérique, et qu'il ait voulu introduire des essais ultralibéraux en les arrangeant à la Tartare, dans un pays où l'instruction primaire manque complétement aux habitants des campagnes.

Ce mélange de deux systèmes, et la rédaction qui trahit à chaque pas la préoccupation du moment, c'est-à-dire l'état de siége en Pologne et le désir de vaincre l'insurrection au moyen de l'organisation communale dispense de toute critique sérieuse. Aussi bornerons-nous notre examen à quelques points saillants qui offusquent le simple bon sens. Le lecteur appréciera.

L'ukase fait table rase de toutes les divisions administratives communales existantes, et autorise le comité principal à élaborer un nouveau projet de divisions et de subdivisions, tout en l'autorisant en même temps à introduire sur-le-champ tels changements administratifs dans la division des communes, qu'il lui plaira et qu'il plaira aux commissions dirigeant les travaux sur lieu.

L'ukase établit de grandes et de petites communes, mais dans quel but? C'est ce qu'il ne dit pas clairement.

La grande commune (gmina) est composée d'un ou de plusieurs villages. La petite commune (gromada), d'un seul village.

L'Assemblée de la grande commune sera composée, sauf les exclusions que nous allons énumérer plus loin, de tous les habitants mâles, majeurs, propriétaires de 3 morgues de terrain au moins, domiciliés dans une circonscription donnée.

L'Assemblée de la petite commune sera composée exclusivement des paysans majeurs, chefs de famille, hommes et femmes, domiciliés dans une circonscription donnée appelée village ou colonie.

Sont exclus le propriétaire du village et aussi sa domesticité et les laboureurs établis dans le même village sur les terres seigneuriales quand même ils seraient propriétaires de terrains donnant droit au vote et au siége en assemblée de la grande commune.

En revanche, les femmes sont introduites au sein de ces assemblées délibérantes.

Mais ce qui est plus étrange, c'est que les mêmes questions (relatives à la propriété commune des pâturages indivis, à la répartition des impôts, à la propriété des lots de terres et autres, intéressant tous les habitants également), peuvent être traitées et décidées simultanément et différemment par les deux assemblées. Le même personnage siégeant à la fois dans les deux assemblées peut y voter différemment selon son bon plaisir.

La loi ne dit pas quelle sera l'influence de la décision de l'assemblée de la Gmina sur celle de la Gromada et réciproquement. Au contraire, elle prend soin de prescrire que les deux assemblées seront indépendantes l'une de l'autre.

Il pourra arriver que la Gromada ou petite commune sera composée d'un nombre plus grand que ceux qui ont droit de voter dans la grande commune; et cependant lorsqu'il s'agira d'élire le maire, les conseillers du tribunal et autres fonctionnaires du cercle de la grande commune, au pouvoir desquels sont assujettis sans distinction tous les habitants, ce n'est pas la majorité des électeurs, mais la minorité qui sera consultée et appelée en assemblée.

En somme, c'est le chaos.

Disons brièvement ce que seront les assemblées de la grande commune, les maires, les adjoints et les conseillers, les tribunaux, les greffiers.

L'Assemblée de la grande commune élit les fonctionnaires, décide tout, dirige tout ce qui concerne la commune souverainement, sauf deux restrictions :

1° Le maire dirige également et souverainement tout ce qui concerne la commune, comme la propriété communale, la répartition des impôts, les établissements publiques, les routes, etc.

2° Les décisions de l'Assemblée ne sont valables que lorsqu'elles ont été prises sous la présidence du maire ou de l'adjoint, en présence de la moitié au moins des paysans, chefs de famille ayant droit au vote ; et s'il s'agit d'immeubles, la présence de 2/3 de ceux qui ont droit au vote est indispensable. Mais la loi passe sous silence ce qui adviendrait, si le maire refusait de convoquer ou de présider l'assemblée, ou ce qui adviendrait si les électeurs, ayant droit au vote, refusaient de prendre part aux délibérations en nombre suffisant ci-dessus énoncé. Apparemment il y sera statué *ultérieurement*. Il est vrai que l'assemblée peut s'en plaindre au chef du district ; et celui-ci peut statuer comme bon lui semblera, ou en référer au gouverneur de province, dont l'omnipotence sur l'assemblée de la commune ne saurait être contestée.

Voilà quelle est l'autonomie de la grande commune.

Sont exclus des assemblées : 1° les juges de paix de la localité, — 2° les curés et autres ecclésiastiques, — 3° les membres de la police du district, quand même toutes ces personnes posséderaient des immeubles ; 4° les personnes mises en jugement pour crimes ou délits, ainsi que les personnes placées sous la surveillance de la police. C'est-à-dire que tous ceux qui savent lire et écrire, qui représentent la lumière et l'intelligence de l'assemblée sont exclus.

Si par hasard quelqu'un des exclus osait entrer dans la salle des délirations, l'ukase a soin de rappeler qu'il sera mis en jugement. Cela veut dire que, vu l'état de siége pendant lequel ces assemblées seront spécialement convoquées, l'*infortuné* contrevenant peut être fusillé ou pendu !

— Mais rassurons-nous, l'élément intelligence sera dignement représenté au sein des assemblées communales, car à la place des propriétaires et des curés du village, déclarés déjà tous sans exception « sous la surveillance de la police, » on y verra siéger, en vertu de leurs mandats extraordinaires, les officiers et militaires de tout grade chargés de l'exécution de la loi du 2 mars 1864.

L'assemblée décide tout, soit par écrit, soit verbalement ; mais la loi ne dit pas quel sera le mode de voter.

Elle n'a pourtant pas oublié de rappeler que les décisions sur les affaires importantes et sur celles qui engagent la commune entière pour un terme considérable, sans s'expliquer davantage, doivent être portées sur un registre spécial.

Terminons en faisant observer que ce n'est nullement le conseil ou un nombre limité des délégués élus qui est appelé à gérer soi-disant toutes les affaires communales, mais l'universalité des électeurs, dont le nombre peut varier selon la population et, ce qui est pire, selon le bon plaisir du chef militaire. Il y a des localités où le nombre des paysans électeurs peut s'élever à 1500 personnes. Qu'on s'imagine une assemblée délibérante et fonctionnant comme pouvoir administratif, composée de 1500 personnes, tous, y compris le président, manquant de l'instruction primaire !

Ce que nous avons dit plus haut sur le pouvoir illimité de l'assemblée, quant à la gestion des affaires communales, s'applique plus encore au maire.

Il cumule tous les pouvoirs à la fois : législatif, exécutif et judiciaire.

Maître souverain de la liberté individuelle de tous les habitants permanents et temporaires de la commune, il peut les incarcérer. Il dresse les protocoles, présente des rapports, correspond avec toutes les autorités, promulgue les lois et les ordonnances, veille sur l'entretien des routes, lève les impôts, entretient les registres, préside le tribunal de la commune ainsi que l'assemblée, en un mot, il administre tout ce qui concerne la commune. Mais avec toutes ces attributions importantes et multiples, il est parfaitement dispensé de savoir lire et écrire !

A cet effet, il peut louer (*sic*) un greffier ou régler comme il l'entend la correspondance.

Il est plaisant de remarquer que l'ukase dit expressément : — Le maire doit faire des visites domiciliaires; — le maire doit veiller à la conservation des objets saisis comme armes et autres choses prohibées; — le maire doit empêcher la publication des faux ukases et la publication des fausses nouvelles; — tant que durera l'état de siége, le maire exécutera tout ce qui lui sera ordonné par les chefs militaires de l'endroit.

Le maire sera salarié ainsi que l'adjoint et les conseillers et tous les fonctionnaires élus. Le montant des salaires sera fixé *ultérieurement*, les frais seront supportés par la commune.

Le gouverneur de la province peut révoquer à volonté tout fonctionnaire de la commune. Le chef du district peut le suspendre et l'emprisonner sans jugement pendant sept jours. Et n'oublions pas que, tant que l'état de siége existe, ce pouvoir disciplinaire appartient exclusivement aux militaires. Belle perspective pour M. le maire, ainsi que pour MM. les conseillers, les membres des tribunaux de la commune, etc.

Ne sont pas éligibles aux fonctions du maire et des conseillers qui forment le tribunal : les non-chrétiens, — les personnes traduites devant la Cour, — les accusés et ceux qui sont sous la surveillance de la police.

Ces exclusions, très-élastiques, comme on le voit, ont pour but d'empêcher l'élection du propriétaire du village, ou de quiconque qui pourrait être suspect au gouvernement russe.

Si le chef du district ne juge pas à propos de confirmer le candidat élu, l'on procède à de nouvelles élections.

Notons, en passant, qu'en vertu des lois actuelles, le juif peut siéger au conseil d'État, mais qu'il ne peut être maire de village.

Le tribunal décide de tous les procès civils et criminels. L'ukase a l'idée ingénieuse de les envelopper tous dans la dénomination «d'affaires litigieuses de peu d'importance. »

Le nombre des membres du tribunal peut être pair ou impair, comme il plaira au chef du district; le minimum cependant est désigné : deux membres avec le maire comme président.

Les juges qui devront décider sur la liberté individuelle et sur la propriété de la grande majorité des citoyens de la Pologne sont dispensés de savoir lire et écrire. — Quand ils trouveront opportun de rédiger leurs arrêts, ils loueront un greffier.

Les arrêts de ce tribunal sont sans appel tant au civil qu'au criminel : — au civil lorsque la valeur du litige ne dépasse pas 30 roub. arg.; — pour le criminel la loi ne le dit pas clairement, mais il paraît que le tribunal peut infliger sans appel l'amende de 3 r. arg., l'emprisonnement de sept jours, et le fouet jusqu'à 20 coups.

Pour donner une idée de ce que sera la justice en vertu de l'ukase, à côté des lois actuellement en vigueur et qui ne sont nullement abrogées expressément ou tacitement, nous présenterons les cas suivants :

Le voleur qui aura commis un vol simple sans effraction de la valeur de 15 r. arg. sera puni de trois à sept jours d'emprisonnement ou de 10 à 20 coups de fouet. — L'arrêt sera prononcé par le tribunal de la commune en première et dernière instance. — Mais si ce malheureux a commis ce même vol simple, sans effraction, de la valeur de 15 roubles et 1 kopeck, il sera puni d'emprisonnement de plusieurs mois; le procès peut traverser trois instances et traîner deux ans et plus même.

L'injure active ou verbale peut être punie en dernier ressort par le tribunal de la commune, de la réprimande, de l'amende de 10 r. ar. et de sept jours d'emprisonnement, selon que le tribunal le jugera convenable. Le même fait, si la personne injuriée occupe une position élevée dans la société (la loi n'explique pas ce qu'elle entend par position élevée), le même fait échappe à la connaissance du tribunal de la commune.— Le procès peut traverser trois instances ordinaires et traîner des années entières.

L'ukase ne dit pas si les séances du tribunal seront secrètes ou publiques.

Messieurs les juges communaux, comme nous l'avons déjà mentionné, sont très-amovibles au gré du caprice du chef de district, et ils peuvent être eux-mêmes condamnés sans jugement à sept jours de prison.

Le greffier est la personne occupant le rang le plus infime dans la hiérarchie des nouveaux employés de la commune, et pourtant ce sera inévitablement la plus puissante.

Il est en tout subordonné au maire qui l'aura loué, sauf approbation et confirmation du chef de district, lequel chef de district peut le changer et le punir à volonté sans appel : ledit appel au gouverneur de la décision du chef de district n'étant permis qu'au maire et aux conseillers.

Le greffier écrit tout, dirige tout ; c'est lui qui promulgue les lois, c'est lui qui écrit et correspond au nom du maire, dresse les protocoles, rédige les décisions de l'assemblée, les arrêts du tribunal illettré ; en un mot c'est la lumière du village.

Le greffier moscovite est l'importation la plus dangereuse dans les institutions du royaume de Pologne, où il ne se trouvait pas jusqu'à présent.—Il est à observer que l'ukase lui-même se défie très-fortement de ce fonctionnaire loué et important, car il dit entre autres choses : « Le greffier doit inscrire fidèlement toutes décisions communales ainsi que les certificats et correspondances, et, en cas de faux, il tombe sous la juridiction du tribunal criminel. »

En résumé, voilà l'échafaudage de l'autonomie communale : en haut, l'assemblée, le maire, le tribunal unique dans son genre, tous trois, pouvoirs incultes, ne faisant rien ; en bas, le greffier seul sachant lire et écrire, employé infime qui fait tout, est maître de la vie et de la propriété des paysans.

Toutefois, en dehors du greffier il y a encore le chef du district, souverain aussi. Gare au greffier maladroit qui ne saurait plaire à ce chef militaire.

X

L'ukase n° 3 institue la commission de liquidation provisoire, et détermine le mode de rachat.

La commission du pouvoir provisoire, qui a tous les dehors d'une institution financière est seule appelée à une sorte de publicité illusoire, car elle doit rendre compte de sa gestion ; mais elle apparaît, si on y regarde de près, comme une complète et inutile superfétation.

Cette commission de liquidation ne décide rien, ne discute même pas, c'est tout simplement l'atelier où doivent être parachevés les titres de rente, et la caisse publique où le payement des intérêts échus et l'amortissement auront lieu. La commission ne fait rien par elle-même, étant subordonnée en tout au comité principal extraordinaire.

C'est à ce comité seul qu'appartient la faculté d'inscription sur le tableau nommé liste de rachat ou de liquidation, ensuite la désignation de ceux d'entre les intéressés qui auront à toucher les titres de rente.

Examinons maintenant ce que touchera l'exproprié, le grand propriétaire, d'après les bases indiquées dans la mesure du 2 mars 1864.

On commence par lui dire qu'il n'aura rien pour les bâtisses, semences, bestiaux et ustensiles aratoires, quelles que soient les obligations et les hypothèques, et qu'on lui accorde les 2/3 ou les 4/5 de la rente annuelle.

On lui déclare qu'il y a un maximum de la valeur du terrain, soit de la rente annuelle à tant par morgue, de 90 kopecks à 1 roub ar. 20 kop., selon les quatre zones ou subdivisions du pays.

Or, ce maximum est loin de la moyenne de la rente annuelle.

La division des zones est aussi fort discutable.

On lui déclare que, nonobstant toutes les estimations possibles, il est permis au comité de faire descendre l'évaluation selon son bon plaisir jusqu'à la concurrence de 40 0/0, quand même l'évaluation des 2/3 ou des 4/5 des redevances, d'après le prix des journées de corvée et des céréales indiquées dans la loi, n'excéderait guère la valeur du terrain ou de la rente annuelle fixée à tant par morgue comme maximum. L'on se demande alors ce que veulent dire le maximum et la double estimation opérée selon les redevances et selon la valeur du terrain.

Il est vrai cependant que l'ukase permet à l'exproprié de demander une troisième estimation à ses frais, conformément au règlement actuel pour les domaines de l'État; mais il suffit de constater que chaque taxation, l'arpentage et les experts, entraînent de grands frais, et que les règles et les prix actuels tracés pour les domaines de l'État en 1835 et 1841, ne sauraient nullement s'adapter aux prix des terrains, du travail et des céréales en l'an 1864.

Une fois toutes les évaluations opérées, on dira au propriétaire que la rente sera capitalisée au taux de l'intérêt de 6 0/0, c'est-à-dire multiplié par 16 2/3, afin de former le capital à rembourser. Partant l'on opère deux retranchements considérables sur le montant de l'indemnité : d'abord sur l'indemnité qui s'appelle *la rente annuelle*, ensuite sur l'indemnité qui s'appelle *le capital de la rente annuelle ;* de la première l'on retranche 1/3 ou 1/5; de la seconde l'on retranche de plus 1/6.

Le capital consistera en titres de rentes, soit en obligations du trésor *au pair*, et il est très-probable que ce nouveau papier russe mis en circulation trouvera peu d'amateurs parmi les capitalistes étrangers. —Ceux du pays sont par trop épuisés par toutes sortes de contributions et de spoliations iniques. Est-il besoin de rappeler que l'intérêt hypothécaire s'élève en Pologne jusqu'à 12 0/0 et plus ?

Enfin, comme couronnement de l'œuvre, on dira au propriétaire du bien-fonds, exproprié pour cause d'utilité publique : « Aujourd'hui tu reçois l'indemnité, mais, afin de subvenir aux besoins du service des intérêts et de l'amortissement, tu seras frappé demain d'une taxe additionnelle sur tous les impôts directs conjointement avec tous les propriétaires des immeubles du pays. » Or le chiffre de cet impôt reste à fixer ultérieurement, conformément à l'avis du comité principal extraordinaire chargé de l'organisation rurale, économique et financière.

Ainsi cette indemnité mensongère peut non-seulement descendre à un chiffre très-médiocre, mais encore occasionner au contribuable d'aujourd'hui, l'infortuné propriétaire du bien-fonds, un surcroît de fardeau (1).

L'ukase ne dit pas expressément quelle sera la période de l'amortissement obligatoire des titres de rente mis en circulation. On peut cependant supposer, d'après les art. 10, 53, 54, que l'amortissement aura lieu dans l'espace de quarante-deux ans et plus tôt si les finances de l'État le permettent.

L'État garantit aussi le payement des intérêts à 4 0/0 aux porteurs. Il est permis d'élever quelques doutes sur la fécondité des ressources financières de la Russie en général, et de celles de la Pologne administrée par les Russes en particulier, surtout après le curieux ouvrage que M. L. Wolowski, membre de l'Institut, vient de publier (2).

Voici quelques chiffres qui pourraient donner raison à nos doutes.

Le budget ordinaire du royaume en 1863 est composé comme suit :

Revenus.	Ronb. arg.	Kop.
Impôts directs..	4,379,092	62 1/2
Impôts indirects..	10,781,214	22 3/4
Terres et forêts de l'État.	1,995,390	10 3/4
Divers.	3,645,326	52 3/4
Total.	20,801,023	48

Les dépenses dans lesquelles figurent entre autres l'entretien de la

---

(1) L'impôt foncier ou direct actuel en Pologne, comparé avec la population du royaume, donne environ 13 fr. par tête. En le comparant avec celui de France, il paraîtrait très-minime. Mais il ne faut pas oublier que le royaume manque de routes, de capitaux, de bras etc.

(2) *Les Finances de Russie*, in-8, Guillaumin et Cᵉ et Dentu.

police de Varsovie et les dépenses locales militaires s'élèvent ordinairement au chiffre des revenus, et quelquefois le dépassent. Le règlement définitif du budget est sans contrôle, et dépend du lieutenant du royaume.

Le service des intérêts, de la dette du Trésor du royaume s'élève aujourd'hui à la somme importante de 3,426,764 r. arg.

Quelle sera la somme totale de l'indemnité allouée en vertu de la mesure du 2 mars 1864? On ne peut le savoir; car elle dépendra des mesures *ultérieures* à prendre par le comité principal.

Mais on peut sans être taxé d'exagération, supposer qu'elle dépassera la somme de 100,000,000 roub. arg. (400 millions de fr.).

Il est vrai qu'une partie de l'argent déboursé afin de servir les intérêts des titres de rente peut rentrer dans les caisses du fisc, au moyen de nouveaux impôts dont seront frappés les paysans et les expropriés en sus des impôts actuels, mais il ne faut pas oublier que les impôts actuels dans un pays pauvre sont déjà considérables, que leur recouvrement depuis l'insurrection ne s'opère qu'avec la plus grande difficulté, avec le secours des garnisons militaires qui se rendent et stationnent chez le contribuable. — Le recrutement, les contributions, les déportations en masses, et en général les événements qui se passent en Pologne depuis trois ans, ont incontestablement appauvri tout le pays, les villes et les campagnes, propriétaires grands ou petits, paysans et nobles.

La grande et la petite culture étant également menacées de bouleversement et d'anarchie par suite des ukases et de leur application il est plus que certain que les imposés seront très-fréquemment et longtemps peut être dans l'impossibilité absolue de payer non-seulement les impôts nouveaux mais les impôts actuels.

Probablement le comité principal y pourvoiera *ultérieurement;* et par de nouvelles contributions sans doute.

L'Empereur et les rédacteurs des ukases prévoyant ces éventualités autorisent la vente des terres et des forêts de l'État, des mines et autres propriétés nationales, laquelle vente doit aussi être confiée au comité organisateur.

Il est plus que probable que cette mesure-là anéantira la richesse publique et tarira en partie des ressources budgétaires pour longtemps.

XI

Nous n'avons que peu de mots à dire sur le quatrième et dernier ukase intitulé : *le Mode de l'exécution des nouvelles lois.*

L'arbitraire en haut, l'arbitraire en bas, l'anarchie en haut, l'anarchie en bas, tels sont les principes de la nouvelle procédure spéciale

administrative et militaire, concernant la question des paysans en
Pologne.

Il suffit de rappeler :

Que le comité principal, pouvoir *extraordinaire*, illimité, *étranger*,
arrivé peut-être des confins de l'empire, dans l'ignorance complète des
lois, des besoins, des mœurs du pays, doit fonctionner au-dessus de tous
les pouvoirs du royaume actuellement en vigueur, au-dessus du conseil
administratif, du conseil d'État, de tous les ministères, tribunaux, pro-
cédures, etc. Ce comité relève d'abord du lieutenant du Royaume,
tout aussi étranger au pays que les membres du comité organisateur
et ensuite de l'Empereur qui, d'un trait de plume, peut réduire au néant
le plus élevé des fonctionnaires. En supposant un instant que par un
hasard fortuit, la décision de ce singulier comité soit juste, il y a beaucoup à parier qu'elle sera dénaturée et faussée par le premier chef militaire venu chargé de l'exécution.

Que le nombre des membres du comité est illimité selon le caprice du
maître suprême.

Que les commissions des goubernies et les commissions de cercles
seront également investies des pouvoirs extraordinaires et illimités ; que
les règles et formes à observer indiquées dans les ukases sont toutes sans
exceptions susceptibles de *changements ultérieurs ;* de sorte qu'il n'y a
rien de stable et de positif.

Que les étrangers versés dans de pareilles matières (*sic*) seront invités à siéger dans les commissions, et les chefs militaires aussi avec voix
décisive.

Qu'afin d'augmenter l'anarchie autant que possible, le gouvernement
d'Augustowo qui fait partie intégrale du royaume, qui est lié avec les
autres gouvernements par les affaires administratives, judiciaires et
autres, aura une commission spéciale dirigée spécialement par le chef
gouverneur des provinces de Vilna, savoir Mouravieff!

Toutes les décisions et opérations du comité extraordinaire seront
provisoires aussi, attendu qu'il sera statué plus tard sur le moment opportun de confier les affaires concernant les paysans aux autorités compétentes. Tant que l'état de siège durera, le comité et ses membres
sont réputés les meilleurs financiers, juges et administrateurs du pays.
Une fois l'insurrection vaincue, seront-ils renvoyés dans leurs foyers
respectifs ? Mais, en tout cas, qui réparera le mal qu'ils auront produit ?

XII

Si le lecteur a bien voulu suivre l'exposé analytique qui précède, il se rendra compte de l'esprit et de la bonne foi qui ont présidé à la rédaction du préambule des ukases du 2 mars 1864 et de la proclamation du lieutenant du royaume qui les a promulgués, — pièces que nous reproduisons à titre de document.

Voici d'abord le préambule.

I. « Nous, Alexandre II, empereur et autocrate de toutes les Russies, roi de Pologne, grand-duc de Finlande, etc. etc. etc.

« Savoir faisons à tous nos fidèles sujets du royaume de Pologne : Dans sa constante sollicitude pour le bien des peuples qui lui étaient confiés, notre auguste père accorda toujours une attention particulière à la classe des paysans, la classe la plus nombreuse et celle dont le bien-être était le moins assuré. En procédant à la régularisation des intérêts de cette classe dans le royaume de Pologne, il commença par les paysans installés sur les domaines de la couronne et dans les majorats octroyés aux propriétaires russes ; ces paysans furent progressivement affranchis de la corvée, et les terres qui avaient été réparties entre eux n'eurent plus à supporter qu'une redevance modérée en raison de leur qualité et de leur valeur. Les conséquences bienfaisantes des mesures précitées ne tardèrent pas à se manifester par le bien-être toujours croissant de ces paysans.

« Par l'ukase du 26 mai (7 juin) 1846, de nombreux priviléges furent également concédés à ceux des paysans qui se trouvaient établis sur les biens appartenant aux propriétaires polonais et à diverses institutions : c'est ainsi que, entre autres, les prestations gratuites et le travail forcé furent abolis; que la paisible possession des terrains et la jouissance des avantages qui y étaient attachés (servitudes foncières) furent garanties aux paysans qui s'acquittaient exactement de leurs redevances légales; c'est ainsi qu'il fut interdit d'élever arbitrairement le taux des redevances et de réunir les terrains dont les paysans avaient la jouissance au domaine seigneurial.

« En posant par là les bases des conditions économiques faites aux paysans, notre auguste père espérait assurer l'accomplissement progressif d'une œuvre aussi importante ; et c'est pourquoi, dans le préambule même de l'ukase susmentionné, il a été annoncé aux paysans du royaume que leurs intérêts seraient ultérieurement et définitivement réglés.

« La mort de l'empereur Nicolas Ier ne lui permit pas de réaliser sa pensée et les projets qu'il avait annoncés dans l'intérêt des populations du royaume : mais la volonté de notre auguste père, s'accordant complétement avec nos désirs les plus constants, nous l'avons considérée comme un legs sacré dont la mise à exécution, au moment même où nous montions sur le trône, n'a été entravée que par les obstacles insurmontables suscités par la guerre qui durait encore à cette époque.

« Aussitôt après la conclusion de la paix, nous vouâmes toute notre sollicitude à l'organisation durable des classes rurales, aussi bien dans notre empire que dans le royaume de Pologne, qui lui est indissolublement uni.

« Les mesures législatives adoptées par nous dans l'empire ne tardèrent pas, avec l'aide de Dieu, à être couronnées d'un prompt succès, grâce à l'assistance effective que la noblesse locale russe nous prêta dans cette tâche ardue, ainsi qu'aux sacrifices qu'elle s'imposa au nom de l'intérêt général et d'un sentiment profond d'humanité. Quant au royaume de Pologne, à notre grand regret, nos ukases et règlements du 28 décembre 1858, sur le règlement à l'amiable des redevances des paysans ; du 16 mai 1861, sur le remplacement de la corvée par un rachat fixe ; et enfin du 5 juin 1862, sur la régularisation obligatoire des redevances, ne rencontrèrent point sur les lieux mêmes, de la part des propriétaires, cette coopération sans laquelle les mesures adoptées devaient nécessairement être frappées d'insuccès. Aussi, les règlements ci-dessus énumérés sont-ils restés jusqu'à ce jour sans porter les fruits auxquels nous étions en droit de nous attendre.

« Les troubles et les bouleversements qui éclatèrent enfin en dernier lieu, et qui, jusqu'à ce jour, ne se sont pas encore entièrement apaisés, devinrent, entre les mains d'hommes malintentionnés, un moyen non-seulement d'écarter la mise à exécution de l'organisation définitive des classes rurales promise par notre auguste père et entreprise par nous, mais encore l'occasion de mettre à l'épreuve la fidélité des paysans à la loi et au trône, et de jeter dans leurs esprits des germes d'agitation et de trouble.

« Leur bon sens finit cependant par triompher de ces piéges tendus à leur bonne foi.

« Bien des victimes innocentes ont scellé de leur sang la loyauté inébranlable avec laquelle elles ont résisté aux menaces et à la violence.

« Aujourd'hui s'accomplit le troisième anniversaire du 19 février 1861, — jour où nous promulguâmes le manifeste et le règlement sur l'organisation des paysans en Russie.

« C'est aussi ce même jour que nous avons voulu consacrer, dans le royaume de Pologne, à l'exécution du legs que nous avait transmis notre auguste père, à l'accomplissement de nos propres désirs les plus constants, et à la réalisation des vœux de la classe nombreuse et loyale des paysans. Que ce jour reste éternellement dans la mémoire des paysans du royaume, comme celui d'où datera la restauration de leur bien-être et que ce bien-être qui leur sera désormais acquis inaugure l'ère bienfaisante du développement progressif pour toutes les classes de la population du royaume, objet de nos plus ardents désirs et de notre espoir le plus ferme. Invoquant, en conséquence, l'assistance divine, nous avons ordonné et ordonnons ce qui suit : »

II. « Nous, Alexandre II, empereur, etc....., etc.

« Savoir faisons à tous nos fidèles sujets du royaume de Pologne :

« Du jour de notre avènement au trône de nos ancêtres, nous nous sommes posé pour but l'organisation progressive et durable des institutions politiques du royaume de Pologne dans un esprit conforme aux tendances de l'époque, ainsi qu'à celles de la civilisation moderne ;

« Les troubles et les agitations qui survinrent mirent, dès l'origine, obstacle à l'introduction des nouvelles institutions octroyées au royaume ;

« Néanmoins, nous conservons avec constance au fond de notre cœur l'intention d'établir sur des bases solides et équitables les institutions politiques du royaume.

« Par un décret signé aujourd'hui, nous avons définitivement réglé la situation de la classe nombreuse des paysans agriculteurs, auxquels la possession des terrains, dont ils n'avaient jusqu'à ce jour que l'usufruit, est désormais assurée. Quant aux propriétaires de ces terrains, en échange du transfert de leurs droits de possession aux paysans, et de l'abolition des redevances qui en résulte, il leur sera délivré du Trésor du royaume *une indemnité équivalente.*

« Il n'existe, après cela, aucun motif valable pour conserver aux propriétaires fonciers la juridiction patrimoniale qu'ils exerçaient et le pouvoir attaché aux fonctions de maires communaux ; d'autant plus que, même à des époques antérieures, cette institution était loin de satisfaire aux exigences de l'ordre public et à celle d'une stricte justice.

« D'un autre côté, une expérience de trois années a démontré dans l'empire l'utilité de la participation des paysans aux affaires d'administration communale.

« Nous ne doutons pas que les paysans polonais, qui, au milieu des perturbations actuelles, ont donné des preuves de leur bon sens et de leur respect pour l'autorité légitime, ne justifient également la confiance que nous leur témoignons.

« Prenant tout ceci en considération, nous avons trouvé bon de promulguer une loi d'organisation communale, et nous avons ordonné et ordonnons ce qui suit : »

III. « Prenant en considération que nos décrets de ce jour concernant l'organisation des paysans, celle des gmynes rurales et de la commission de liquidation par leur importance exceptionnelle, et les circonstances extraordinaires où se trouve aujourd'hui le royaume de Pologne, exigent des mesures spéciales, afin d'accélérer leur mise à exécution et d'en assurer le succès, nous avons ordonné et ordonnons ce qui suit :

« Le décret établit que les dispositions nécessaires pour la promulgation des décrets du 19 février (2 mars) 1864, sur l'organisation des classes rurales, et pour l'ouverture des assemblées des gmynes et des assemblées rurales, sont confiées au lieutenant de Sa Majesté, et que la mise à exécution ultérieure de ces décrets est déférée à des institutions provisoires, savoir : le comité principal chargé de l'organisation rurale, la commission de liquidation et les commissions pour les affaires des paysans.

« Les règles qui doivent présider à la composition et aux attributions de la commission de liquidation faisant l'objet d'un décret spécial, le présent décret a pour but de déterminer la composition et les attributions du comité principal, chargé de l'organisation des classes rurales et de la commission pour les affaires des paysans. »

Voici maintenant quelques extraits de l'ordonnance du lieutenant de Royaume ou de la promulgation des ukases.

« Paysans du royaume !

« Je vous annonce une joyeuse nouvelle et une *grande faveur* du souverain.

« Le 2 mars, notre empereur et roi, Alexandre II, a signé les ukases qui règlent votre sort. Fidèles à leur mission de défendre les faibles et les opprimés, l'empereur et roi, Nicolas Ier, de glorieuse mémoire, ainsi que le souverain qui règne heureusement sur nous, ont eu pour vous une constante sollicitude. — Paysans du royaume, vous n'avez pas écouté les rebelles, vous êtes restés fidèles à notre souverain légitime, et c'est de lui seul que vous avez attendu votre salut. Le moment est venu *de réaliser vos désirs*, et de le faire de façon qu'à l'avenir les seigneurs *qui vous ont opprimés* n'aient plus ni *l'occasion*, ni *la possibilité* de le faire, *en trompant le gouvernement* et en s'opposant à ce que vos justes réclamations arrivent jusqu'à lui. . . . .

« . . . . . Sa Majesté l'empereur et roi, Alexandre II, dans sa sollicitude inexprimable pour tous ses sujets, sans exception, a daigné gracieusement ordonner aux autorités du royaume de prendre aussi en considération spéciale le sort des paysans qui ne possèdent actuellement aucune terre, mais qui, par une bonne conduite, la sobriété, l'économie et l'obéissance à l'autorité légale, se seront acquis *le droit à la faveur impériale*. Les autorités ont été autorisées à donner à ces paysans, selon qu'elles le jugeront convenable, soit en usufruit, moyennant un prix modéré, soit en leur concédant l'entière propriété, de petits lots, pris sur les parties inoccupées des domaines de l'État, ainsi que sur les terres de paysans devenues vacantes dans les propriétés particulières. . . . . .

« . . . . . Pour que vos intérêts soient mieux défendus et pour connaître de vos *différends* avec les propriétaires, par rapport aux terres et aux servitudes, Sa Majesté l'empereur et roi a daigné gracieusement ordonner la formation dans tout le royaume de commissions et de commissaires pour les affaires des paysans.

« Les commissions auxquelles sera confiée la défense de vos intérêts seront établies et fonctionneront à mesure que le pays se pacifiera. — En attendant l'installation de ces commissions, vous pouvez par *vos justes réclamations* vous adresser *aux chefs militaires actuellement institués dans tous les districts*. — Vous trouverez toujours auprès d'eux une protection et une défense véritable de vos intérêts. »

X

Il y a dans ces pièces une série de confusions calculées sur le prétendu désir des paysans, sur les tendances des propriétaires, sur la prétendue analogie de l'état des serfs en Russie et de celui des paysans en Pologne, sur la pensée de Nicolas, etc., que nous n'avons pas à relever. Certes, il est assez rare que des manœuvres politiques soient marquées au coin de la plus scrupuleuse bonne foi, et il faut dans l'appréciation qu'on en fait se contenter d'à peu près. Mais celle dont nous venons d'exposer les détails sera certainement flétrie dans l'histoire; car c'est un appel aux plus mauvais sentiments; c'est une œuvre de haine, de vengeance, de spoliation, une œuvre despotique et révolutionnaire dans le plus mauvais sens du mot.

L'application de ces ukases va probalement rencontrer de formidables obstacles : — dans le bon sens et l'instinct de justice des populations; — dans le sentiment national, aussi profondément empreint dans le cœur des paysans que dans celui des classes supérieures; — dans l'énergique besoin d'indépendance de ces dernières; — dans l'antériorité du décret du gouvernement national, scrupuleusement exécuté par les propriétaires, riches et pauvres; — enfin dans l'impéritie de la force brutale et de l'injustice pour fonder quoi que ce soit.

Au premier abord, il peut sembler que la mesure du 2 mars s'étant simplement substituée à celle du gouvernement national pour effectuer l'affranchissement des paysans, ne saurait être injuste et spoliatrice; car elle est conforme aux vœux de la nation elle-même; car, et c'est là un bizarre rapprochement, le czar se ferait l'exécuteur des vœux des Polonais, exprimés par l'organe du gouvernement insurrectionnel occulte!

Mais la mesure décrétée par le gouvernement national polonais, le 22 janvier 1863, basée sur le respect dû au principe sacré de la propriété, était par conséquent une œuvre à la fois juste et éminemment politique et sociale. La mesure russe du 2 mars 1864 est tout le contraire.

La première énonçait les bases et les principes en ajournant la liquidation et l'exécution au lendemain de la guerre de l'indépendance. — La deuxième au contraire veut introduire au milieu de la guerre la liquidation et l'exécution confiées à des présidents, des conseillers, des juges, portant épaulettes et éperons, en donnant une indemnité en obligations du trésor d'une valeur pour le moins très-douteuse et en frappant de nouveaux impôts les expropriés eux-mêmes.

La première avait pour but d'empêcher le bouleversement social; la seconde a pour but évident d'amener la haine des classes.

Lorsque les propriétaires du royaume abandonnèrent, en **1863**, aux paysans les redevances annuelles de leur propre gré, en attendant le rachat et l'indemnité promise par le gouvernement national, ils firent plus ou moins ce que fit l'Assemblée française dans la nuit mémorable du 4 août 1789. — C'était un abandon volontaire sans éléments de spoliation; mais lorsqu'en **1864** l'empereur fait aux paysans le don des terres et des redevances, la spoliation est manifeste, car il dispose de ce qui ne lui appartient pas.

Sans doute, cette mesure pourra faire beaucoup de mal aux propriétaires, occasionner beaucoup de ruines parmi eux et compléter l'œuvre de l'échafaud et de la Sibérie. Sans doute, elle pourra appeler sur leurs têtes « une tempête pareille à celle qui a frappé la Gallicie, » conformément à la menace barbare du journal officiel de Varsovie ; mais vaincra-t-elle la justice et la nature des choses?

Nous supposons le but atteint : les propriétaires actuels ruinés et massacrés, leurs ossements dispersés; nous supposons d'autres propriétaires à leur place ; est-ce que l'esprit d'indépendance et de nationalité aura disparu? Est-ce qu'il ne revivra pas dans le cœur des fils de ces nouveaux propriétaires? Est-ce que les supplices et les iniquités d'aujourd'hui n'alimenteront pas la légende de demain?

Vaine tentative! Le sentiment du patriotisme national se fortifie et s'accroît par la compression et les holocaustes. Il est dans sa nature de grandir jusqu'au moment où, apaisé par la liberté et l'indépendance, il se transforme, n'ayant plus sa raison d'être, en un sentiment de rapprochement et de fusion. Combien Alexandre II eût été mieux inspiré de procéder à l'émancipation de cette malheureuse nation, plutôt que d'imiter son père, de néfaste mémoire, qui a passé trente ans à faire le métier d'oppresseur, et dont la mort a été considérée comme un heureux événement, même par la sainte Russie. Que reste-t-il de ce règne exécré, si ce n'est l'écho des imprécations des opprimés et des victimes, le blâme vengeur de l'opinion publique et de l'histoire!

P. S. M. L. de Lavergne, membre de l'Institut, termine une remarquable appréciation qu'il a faite de ces ukases, dans le dernier numéro de la *Revue des Deux-Mondes*, par ces paroles :

« Les préambules des ukases parlent beaucoup de pacification, d'apaisement des esprits : excellent langage, assurément, mais à la condition que les actes s'accordent avec les paroles. Ce n'est pas ainsi qu'on pacitie un pays; c'est ainsi, au contraire, qu'on perpétue les haines et les vengeances. On ne se contente plus de frapper des insurgés qui, en prenant les armes, avaient accepté d'avance le cruel droit de la guerre; on ruine des classes entières, on les pousse au désespoir. Les paysans polonais reçoivent, dit-on, avec froideur et défiance les avances des Russes; et, en effet, ces promesses extraordinaires de la part d'anciens ennemis doivent leur être suspectes; mais, même en admettant qu'on parvienne à organiser la *jacquerie légale*, le gouvernement provocateur ne peut s'en promettre aucun profit durable. Il y avait déjà en Pologne un corps de petits propriétaires formant ce qu'on appelait autrefois la petite noblesse; c'est précisément la classe qui s'est montrée de tout temps la plus hostile à la domination russe. Il en sera de même tôt ou tard des nouveaux propriétaires, et on aura en outre devant le monde entier la responsabilité des désastres sans nombre qu'une si violente convulsion aura entraînés. »

FIN

TABLE DES MATIÉRES

PARIS — TYPOGRAPHIE DE A. PARENT, RUE MONSIEUR-LE-PRINCE, 31.

Paris — Typographie de A. PARENT, rue Monsieur-le-Prince, 31.

9 782019 720995